平凡社新書
839

「おもてなし」という残酷社会

過剰・感情労働とどう向き合うか

榎本博明
ENOMOTO HIROAKI

HEIBONSHA

「おもてなし」という残酷社会●目次

第2章　あらゆる職業が感情のコントロールを強いられる社会へ……………59

はじめに——なくならない過労死

「過剰労働」や「感情労働」といった労働現場の悲惨な実態をあらわす言葉が、マスメディアを賑わせている。

少し前にさかのぼるが、2008年6月、居酒屋チェーン大手「ワタミフードサービス」の新入社員（当時26歳）だった女性が過労自殺した事件があった。

その女性が自殺する前月の5月に手帳に記していたのが、つぎの文面だった。

「体が痛いです。体が辛いです。気持ちが沈みます。早く動けません。どうか助けて下さい。誰か助けて下さい」

入社後わずか1ヶ月半の時点でこの文章を書き、それから1ヶ月もたたないうちに命を絶った。

開店前の午後3時までに出勤し、平日は午前3時、週末は午前5時の閉店後も働かされたという。まさに過酷な勤務状況だった。残業は月140時間にもなっていた。

しかも、与えられた社宅から店が遠いため、始発電車まで待機を余儀なくされた。そのうえ、ボランティア研修や早朝研修が組み込まれ、休日に心身を休める暇もなかった。調理マニュアルに加えて経営理念集も暗記しなければならず、レポートの提出まで課せられていたという(「産経WEST」2013年7月26日)。

これはあまりに異常な過剰労働の世界だ。だが、他の社員たちもこのような過酷な労働を受け入れてしまっていたのだ。

なぜ、文句もいわずに従ってしまうのか——。


2014年10月には、福井県の27歳の中学校教諭が過労により自殺した。学習支援員や講師を経て、晴れて正規の教員に採用されてからわずか半年後のことだった。

中学校時代から毎日欠かさずつけていた日記に、

「疲れました。迷わくをかけてしまいすみません」

と記し、自ら命を絶った。入学式があった4月6日の日記には、

「21名の子どもたちを前にしてワクワクするとともに、不安もひしひしと感じた」

と希望に満ちた言葉が記されている。だが、それから約1ヶ月後の5月13日の日記には、

「今、欲しいものはと問われれば、睡眠時間とはっきり言える。寝ると不安だし、でも体は睡眠を求めており、どちらへ進むも地獄だ。いつになったらこの生活も終るのだろう。さすがにこうも続くとけっこうきつくなってきた」

と苦悩に満ちた心理状況が記されていたのであった。

6月頃には何らかの精神疾患を発症していたとされ、2016年9月に労災認定された。勤務時間が非常に長いことが大きかったという。使用していたパソコンなどの記録から、4月から6月の時間外業務は、月128時間から161時間にのぼるとみられている（「福井新聞」2016年12月13日）。

福井県教育委員会の調査によれば、2016年5月の公立教職員の1日の平均勤務時間は、昼休み1時間を含めて、中学校12時間34分、小学校11時間38分、高校10時間52分となっており、県の条例で定められた勤務時間7時間45分を大幅に超えている（「福井新聞」2016年12月10日）。

教員のような職業では、職場にいるときは授業や会議、書類作成、生徒への対応、部活指導など目の前の校務に追われる。また指導案作成や検討など、授業の準備や知識の吸収のための勉強を家でやるのは当たり前で、さらに問題作成や採点などの持ち帰りまであり、だれもが私生活を犠牲にして業務をこなしている。

なぜ、私生活を犠牲にしてまで、眠りたくても眠れないような地獄の思いをしてまで、仕事に没頭しなければならないのか——。

過労自殺を含む過労死が多発していることを踏まえて、２０１４年に過労死等防止対策推進法が制定された。

そこでいう「過労死等」とは、業務における過重な負荷による脳血管疾患や心臓疾患を原因とする死亡、もしくは業務における強い心理的負荷による精神障害を原因とする自殺による死亡、またはこれらの脳血管疾患や心臓疾患、精神障害と定義された。

このように過労死を防止しようという動きが強まっているにもかかわらず、２０１５年12月に電通の新入女性社員が過労により自殺した。その女性社員は、４月に入社、10月以降に業務が増え、11月上旬にはうつ病を発症していたとみられる。そして12月25日に都内の社宅から投身自殺した。

２０１６年9月に労災認定されたが、残業時間は２０１５年10月9日から11月7日の１ヶ月で約１０５時間に及んだ。残業時間を労使協定で定めた月70時間以内に抑えるため、過少申告するよう指導されていたという。その指示に従って、10月は69・9時間、11月は69・5時間と記載していた（「日本経済新聞」２０１６年10月14日）。

残業時間の過少申告というのは、じつは日本の多くの会社員たちが当たり前のようにしているのではないだろうか。

残業時間の上限が定められると、それを超える部分の残業がなくなるのではなく、表に出ないように残業するようになる。いわゆるサービス残業である。ゆえに、いくら上限の時間数を減らしたところで実態はなかなか変わらない。

それはなぜなのか。なぜ労働者は身を守ろうとせず、自分の権利を主張しようとしないのか。

この過労自殺をした女性社員の家族の告発により、電通の「鬼十訓」が話題になった。社員手帳にも印刷されているという「鬼十訓」には、「一度取り組んだら『放すな』目的完遂までは殺されても放すな」といった、過労死を連想させるような過激な表現さえみられる。

「電通社員の過労自殺のニュースを見て、閉じていた記憶の蓋が開いた。二十五年ほど前、私も過労で死にそうなマスコミ新入社員だった。
忙しい部署で働く人たちは、ただでさえいらいらしている。新人は何もわからず足手まといなので、ストレス解消のはけ口にされやすい。これは時間外労働二〇〇時間を超えた頃の私の例だが、過重労働と人間関係のストレスが重なって継続すると、まず視野が狭くなって会社以外の世界が遠ざかる。時間の感覚もおかしくなり、少なくとも数年先のことまでは考えられたのが一ヶ月先になり、やがて一日どころか、ひどいときには数時間先のことまでしか考えられなくなる。その過程で、死んで楽になりたいという思いにとらわれるようになる。（中略）
その頃には感情らしいものは消え、警戒心が強くなっている。日常的に暴力を受けている感覚だ。周囲のほぼ無関係な社員たちすら、見て見ぬふりで加担しているような気がしてくる。そのうち全員が敵に見えてくる」（篠森ゆりこ「記憶の蓋」文藝家協会ニュース　２０１６年11月号　所収）

このように、うつ状態になると、心のエネルギー水準が低下し、視野狭窄《しやきようさく》も起こるため、普通の心理状態だったら気づくようなことも気づかなくなる。普通の心理状態なら思いつくようなことも思いつかなくなる。

でも、なぜうつ状態になるほどに過剰労働の世界に引きずり込まれてしまうのか。どうしてもっと前にそのような過剰労働の世界から離脱しようとしないのか——。

これらの問題には、私が欧米の「自己中心の文化」に対する「間柄の文化」と特徴づけている日本の文化、そして、そのなかで形成される日本的な自己のあり方が深く関係している。

「自己中心の文化」の住人であれば、「私はそんなの無理」「私はイヤ」「私は納得できないから拒否する」「私の義務はもう果たした」「私の勤務時間はもう終わった」と、過剰労働を簡単に拒否できる。拒否しないのは、報酬が非常に高いなど、自分にとってのメリットが大きい場合だけだろう。

ところが、「間柄の文化」の住人は、そのような自己主張は自分勝手に思えて、なかなかできない。どんなにきつくても、「自分だけじゃないから」「みんなも大変だけど頑張ってるんだし」「先輩や仲間に負担をかけられないから」「自分が拒否したら仕事が回っていかないし」「お客がいるのに、ここで帰るわけにはいかない」「取引先からの電話に出ないわけにはいかない」「取引先の要求を拒否するわけにはいかない」などと思い、無理だという気持ちや拒否したい気持ちにブレーキがかかってしまう。

自分中心にものごとを考えることができないのだ。「個」を生きるのではなく、他者との「間柄」を生きているからである。

このような間柄を生きる自己のあり方は、けっして否定すべきものではない。海外から来た旅行者が日本の店員の心遣いや親切さに感動するのも、私たちが海外に行ったときに店員が客中心に動かないのに呆れるのも、私たち日本人が日頃から無意識のうちに、「自分中心」に動かず、「間柄」に配慮しながら動いているからにほかならない。

「間柄の文化」の特徴については、「お客様扱い」や『「おもてなし」の文化』に絡めて第1章で詳しく解説する。

このような日本の文化的特徴が、過労自殺を含む過労死を生む背景になっているとともに、じつは政府が今、日本の売り物にしようとしている『「おもてなし」の精神』にもつながっているのである。

第1章　なぜ、過剰な「お客様扱い」が当たり前となったのか

「顧客満足(CS)度」が日本人の心を壊す

海外に行くと、仕事のいい加減さに驚かされることがある。購入した商品がすぐに故障したり、その質の悪さに呆れることもある。電車もバスも時間通りになかなか来ない。店員の接客の感じの悪さに苛立ちを覚えることもある——。

そうした感じの悪さ、自己中心的な態度を少しでも改めさせるために、海外(とくに欧米)では顧客満足度の向上といったような考え方が導入されたのではないか。それでも未だに、日本と比べて相当いい加減だし、自己中心的に働いているように感じるのである。

もともと日本では、客に対して丁寧で気持ちのよい応対をしていたものだった。それがごく自然に行われていた。

欧米に行くと、店員の素っ気ない態度に物足りなさを感じたりする人が多い。たとえ笑顔で親しみやすい雰囲気がある場合であっても、客に奉仕するといった雰囲気はない。購入した商品に不具合があって、交換してもらうためにお店に行っても、申し訳なさそうな感じはなく、交換してやるという感じで、その対応は、とてもあっさりしたものである。商品の不具合は、販売員である自分の責任ではないのだから、個として生きる文化であれば、それは当然のことなのだろう。

だが、日本だったら、商品の不具合は技術者の問題であって、販売員である自分の責任ではないにしても、非常に申し訳なさそうに謝り、丁重な態度で交換するのが当たり前だろう。

そんな日本が、顧客満足（CS＝Customer Satisfaction）などというアメリカで生まれた考え方を、近年取り入れるようになった。そのような概念は、客にとって感じの悪い店員が目立ち、自分の責任じゃない、といった態度がまかり通るアメリカのような社会でこそ必要なものであった。しかし、日本がわざわざ導入するようなものではなかったはずである。

日本では、顧客満足度などという概念が必要ないほど、丁寧な仕事が行われてきた。それは商品の品質の良さにも、交通機関の運行時刻の正確さにも、接客時の気持ちよい応対にもあらわれている。もともと客は大切にされてきた。

ところが欧米コンプレックスが強い日本人は、「海外では……」といわれると、すぐに、

「そうか、日本は遅れてるな」

「だから日本はダメなんだ。海外（欧米）に学ばなくては」

と思ってしまう。

文化の違いを考慮もせずに、何でもすぐに欧米流を取り入れるのがよいことだ、それが最先端なのだと思ってしまう。そして、文化的適合性などを考えることもなく海外流を採用し、それで最先端に追随しているような得意な気持ちになる。

こうして、顧客満足度といった概念が取り入れられるようになったのだろう。

もともと客に丁寧な応対をし、客との信頼関係を大事にしてきた客商売の場に、顧客満足度などといった概念が取り入れられるようになって、従業員は過剰な「お客様扱い」を強いられるようになったのである。

それにより、客だけでなく従業員も大切にしてきた日本の組織が、従業員を追い込む組織になってしまった。

オリンピックに向けてもてはやされる「『おもてなし』の精神」

過剰な「お客様扱い」という意味で、この頃とくに違和感があるのは、図書館で本を借りる際に「ありがとうございます」といわれることだ。

こちらが無料でサービスを受けているのだから、お礼をいうべきはこちら側のはずだ。

それなのにお礼をいわれるのだから、恐縮してしまう。

と同時に、そのような従業員教育をする図書館の体質の変化に大いに違和感がある。なぜ、そこまで「お客様扱い」を徹底しようとするのか。なぜそこまで市民に対して自己中心的な心を植えつけようとするのか——。

『おもてなし』の精神」というと、オリンピックの誘致の際に滝川クリステルが演説で、「お・も・て・な・し」

といって、日本をアピールした姿を思い出す人が少なくないのではないか。

この精神を売り物にするのはよいが、オリンピックに向けてさらに『おもてなし』の精神」を強化しなくても、これまでの日本流のやり方で海外から訪れた人たちを十分に感激させるだろうし、他国に対しても売り物になるはずである。

この「『おもてなし』の精神」を強調しすぎることで、従業員に過剰な「お客様扱い」を無理強いすると、かえって人々の気持ちをギスギスしたものにしてしまう。結果、「おもてなし」が十分にできなくなってしまうだろう。

そもそもオリンピックを合い言葉にして、海外からの来訪者のために、自国の文化的伝統を、人々の接し方を、あえて変えてしまおうとする国が、いったいどこにあるだろう。

むしろ、オリンピックをきっかけに日本を訪れてみようという海外の人々に、自然な日本らしさを味わってもらうことの方が大切なはずだ。外国人に向けて、これまでと違う、よそゆきの「おもてなし」を演じさせ、日本の人々を疲弊させるのでは意味がない。そんな、よそゆきの日本を味わわされる外国人も迷惑だろう。

お互いに気遣いをし合う、心地よい関係が崩れつつある

あえて「おもてなし」などと強調するまでもなく、私たち日本人はごく自然に人に対して気を遣ってきた。

傍若無人に振る舞う中国人旅行者をみて呆れ、不快に思うのは、彼らが周囲の人にまったく気を遣わずに自分勝手に振る舞うからである。それを不快に思い、呆れるということ自体、私たちの心に「人を気遣う心」がしっかりと植えつけられている証拠といえる。

「人の目を気にする日本人」などと自嘲気味にいったりして、人の目を気にすることが、いかにもよくないことであるかのように批判するくせに、突然「おもてなし」などといい出す。これでは人々の頭のなかは混乱する。人の目を気にしないで、どうしたら「おもて

なし」がうまくできるのだろうか。

欧米コンプレックスの強い人たちは、日本人は人の目ばかり気にしているが、欧米人のように人の目など気にせずに、もっと自由に堂々と自分の思うことをいい、自分のやりたいようにやればいい、などといったりする。

だが、なぜ外国人と比べて日本人に『おもてなし』の精神」が豊かとされるのかをよく考えてみるべきだろう。

「人の目」を気にせずに「おもてなし」などできない。

人の目を気にするということ自体が、人に気を遣っていることを意味する。改めていわれなくても、私たち日本人は、日頃から、人がどう思うか、どう感じるかを気にして、人のことを気遣いながら暮らしているのである。

客の立場に立って親切に応対するのは、じつは日本人はもともと得意なのだ。そもそも日常の人間関係がお互いの気遣いの応酬である。だから、仕事の場でも、特別に客に対してぞんざいな態度をとることはない。

そのような文化にどっぷり浸かって過ごしてきた日本人が、たとえばアメリカに留学したり赴任したりすると、ビックリさせられることの連続である。

購入したばかりの車の具合が悪いため、購入した販売店に行き、担当した人物に文句をいうと、ふんぞり返った姿勢で、

「で、どうしてほしいんだ？」

などという。申し訳なさそうな態度がまったくみられない。

部屋の空調の具合が悪いため、業者に事情を伝えると、

「使い方が悪いんじゃないか」

などと、平気でいい出す。困っている相手の気持ちへの配慮がまったくない。

電気製品が故障し購入した電器店にもっていって事情を説明すると、堂々とした態度で、

「保証書は購入したか？」

などと聞いてくる。申し訳なさそうな雰囲気はまったくない。

ホテルに着いてフロントに行くと、運悪くダブルブッキングされていた。予約証をもっているのに部屋がないのは困る、といっても、

「予約してあるのはわかるが、部屋がないんだ。食事でもしてくれれば。そのうちキャンセルが出るかもしれない」

と、まったく悪びれもせずにいう。そして、キャンセルが出ると、

「あんたはラッキーだ」

と満面の笑みを浮かべ、心配させたことへの謝罪もない。

スーパーのレジに並んでいると、あと数人なのに、腕時計を指さして、

「休憩時間だからいったん閉じる。30分後に戻るから」

といって、レジを締めてしまう。それに対して、並んでいた客たちは、肩をすくめる程度で、だれも文句をいわずに諦める。店員にも個人の権利があるのだし、当然のことと受け止められるようだ。

日本だったら、ここにあげてきたような態度をとる店員はいないはずだ。特別に『おもてなし』の精神」に溢れた店員でなくとも、もっと客の立場や気持ちを思いやって、感じよく対応してくれるのではないだろうか。

これまでの日本のやり方で、十分気持ちよかったはずだ。それにもかかわらず、わざわざ過剰な「お客様扱い」を奨励などするものだから、客の自己愛がやたら増殖し、過剰な期待や要求をもつようになり、従業員は過剰なストレスにさらされるようになった。

「『おもてなし』の精神」をアピールするのは問題ないし、海外に拡げるのはよいことだ

と思う。だが、これまでの日本のおもてなしの仕方を変える必要など、さらさらなかったはずである。

過剰な「お客様扱い」を奨励したりするものだから、せっかくの『「おもてなし」』の文化」、つまりお互いに気遣いをし合う、やさしく心地よい関係が崩れつつある。

「間柄」と「自己中心」という文化の違い

私は、欧米の文化を「自己中心の文化」、日本の文化を「間柄の文化」と名づけて対比させている（榎本博明『「みっともない」と日本人』日経プレミアシリーズ）。

「自己中心の文化」とは、自分が思うことを思う存分主張すればよい、ある事柄を持ち出すか持ち出さないかは自分の意見を基準に判断すればよい、とする文化のことである。常に自分自身の気持ちや意見に従って判断することになる。

欧米の文化は、まさに「自己中心の文化」といってよい。そのような文化のもとで自己形成してきた欧米人の自己は、個として独立しており、他者から切り離されている。

一方、「間柄の文化」というのは、一方的な自己主張で人を困らせたり嫌な思いをさせたりしてはいけない、ある事柄を持ち出すか持ち出さないかは相手の気持ちや立場を配慮して判断すべき、とする文化のことである。常に相手の気持ちや立場を配慮しながら判断することになる。

日本の文化は、まさに「間柄の文化」といえる。そのような文化のもとで自己形成してきた日本人の自己は、個として閉じておらず、他者に対して開かれている。

こうした日本的な自己のあり方に対して、欧米かぶれの人たちは主体性がないなどと批判的なことをいう。だが、自己主張を適度に抑え、相手を尊重しようという、個として凝り固まらず、他者に対して開かれた姿勢が、争い事の少ない調和的な社会を生み出しているのである。

そして、そうした姿勢こそが『おもてなし』の精神」につながっているのである。

日本語の曖昧な表現が意味するもの

このように、私たち日本人は、どんなときも自分本位にならずに、相手の立場や気持ちを考えないといけない。そのように文化的に条件づけられている。それが言語表現の習慣にもあらわれているのだ。

日本語を学ぶ外国人からよくいわれるのは、日本語には曖昧な表現があるから難しい、ということである。

欧米人も、アラブ人も、自分の思うことをはっきりいい、自分の要求をはっきり主張することに慣れているため、当然のように、そういった表現をするのだが、それは日本語にすると失礼な物いいになったり、相手にとってきついいい方になったり、ずうずうしいいい方になったりする。

学校でディベート教育が取り入れられ、自己主張的なコミュニケーションの練習をさせられている今の若者たちでさえ、話し合いの場で自分の意見を主張するのが苦手な者が多い。

学生に聞いても、グループで話し合うワークを取り入れる授業で、よく知らない人たちに対して自分の意見をいうのは難しくて、ごく一部の人が話しているだけで、他の人は適当にお茶を濁している感じだという。

なぜ、よく知らない人に対して意見をいうのが苦手なのか。それは、相手の考えや感受性がよくわからないため、配慮するのに失敗するかもしれないからだろう。

さらに、自己主張の教育を受けている昨今の若者でさえ、若者特有の今風の婉曲表現を用いることで、相手のことを配慮し、傷つけたり衝突したりするのを避けようとしている。

友だち相手の場合でも、日常的に相手を配慮して、ぼかした表現を使う。たとえば、音楽の話をしているとき、

「私、それ好き」

といわずに、

「私、それ好きかも」

とぼかすような表現を使ったりするのも、それが嫌いだったり、別の曲やアーティストが好きだったりする友だちを配慮してのことである。

日曜日に何をして遊ぼうかという話をしているときに、

「映画を観たい」

とはっきりいわずに、

「映画とか観たいかも」

といったりするのも、他のことをしたい友だちがいるかもしれないからである。

日本語を学ぶ外国人を悩ます婉曲表現にこそ、いかにも日本らしい気遣いの心が反映されているのである。

日本語論を専門とする芳賀綏《やすし》は、つぎのような事例を用いて、日本人の言語表現の微

妙なニュアンスを描写している。

「バスの中で、旅行者らしい中年女性と土地の人らしい青年が並んで掛けていた。考え事でもしていたのか、女性は乗り過ごしそうになり、気づくやあわてて降りようとした。その背中へ、後に残った青年がちょっとためらいながら声をかけた。

『アノ、これ、違うんですか?』

女性は席にカバンを一つ置き忘れて降りようとしたのだった。——青年の発話に、相手の呼称も、代名詞も、出現していないのがおもしろい。『小母さん!』とも『あなた!』とも呼べず、『アノ、』となった。そして『小母さんのカバン』でも『あなたのカバン』でも落ち着かない。『これ』ですますことにした。英語なら your bag と言うのに何の迷いもあるはずがない」(芳賀綏『日本語の社会心理』人間の科学社)

芳賀は、年齢・性別・親疎など、いくつもの条件を考え合わせたあげく、使う語句を決定しかねると、このような結果になる、そして、どの語句を選んでも、照れ臭さが絡んで口に出せないという心理の微妙さこそ、日本人の対人行動を描くのに欠かせないとしている。

まさに、そこにこそ日本語とそれを用いる日本人の心の微妙な繊細さがある。このような描写は、日本語を学ぶ外国人の頭を大いに混乱させるに違いない。でも、日本人ならこの青年がこのようないい方をせざるを得なかった気持ちがよくわかるはずだ。

丁寧語とはいえ、年長者に「あなた」と呼びかけるのは失礼に当たるといった感受性が広く共有されている。そうかといって「君」とか「お前」などというのは、あまりに不適切である。

知っている相手なら「○○さん」と呼びかければよいのだが、名前を知らない相手に対して呼びかけるのに適切な代名詞がない。そこで、「小母《おば》さん」という表現が頭に浮かぶが、もしかしたら気分を害するかもしれない。そうかといって「お姉さん」というには年を取りすぎていて嫌味になる。こうした葛藤を経て出てきた言葉が、「アノ、」だったというわけだ。

考えてみれば、私たちはよく知らない人に声を掛けるとき、「あの……」とか「すみません……」と呼びかけることが多いが、そのようなちょっとした呼びかけの背後で、こんな葛藤が渦巻いているのである。

そこにあるのは、相手がどう感じるだろうか、うっかり傷つけないだろうか、気分を害さないだろうか、失礼にならないだろうか、といった相手の気持ちを気遣う心なのである。

「すみません」に込められた意味

日本語の「すみません」には、謝罪の意味だけでなく、感謝の意味も含まれている。だから、人に謝るときだけでなく、何か親切にしてもらったときも、私たちは「すみません」と口にする。

実際、日常生活では、謝るよりも感謝の気持ちをあらわすために、「すみません」と口にすることの方が多いのではないか。

それに対して、感謝の気持ちをあらわしているのだから、謝罪のときと同じ「すみません」というのはおかしい、「ありがとう」というべきだ、などという人がいる。英語でも、感謝の気持ちをあらわすのに「エクスキューズ・ミー」や「ソーリー」といった謝罪の言葉は使わずに、「サンキュー」という。だから、日本語でも「ありがとう」というべきだ、というのである。

いったい何という見当違いなことをいい出すのかと呆れざるを得ない。日本で日本語を使って暮らしていながら、日常用語のもつ文化的含意をまったく理解していない。

私たち日本人の場合、感謝の気持ちをあらわす際にも、なぜ「すみません」という言葉が自然に口をついて出るのか。そこには気遣いの心が作用しているのである。

「ありがたい」というのは、あくまでも自分の都合である。自分が「ありがたい」というだけで、相手が労をとってくれたことや負担を負ってくれたことに対する気遣いは、そこにはない。あくまでも「ありがたい」という自分の立場でものをいっているのであり、自分中心の発想である。

それに対して、「すみません」という言葉には、「ほんとうに申し訳ない」という、相手の立場に対する思いが凝縮されている。「すみません」は、労をとってくれたことや負担を負ってくれたことに対する気遣いにより発せられる言葉であり、相手に対する思いやりに満ちた言葉なのである。

ゆえに、感謝の意をあらわすのに、「自己中心の文化」なら「ありがとう」で足りるが、「間柄の文化」では相手を気遣うことが必要であり、「ありがとう」では足りない。そこで「すみません」が用いられるのである。

困っているのに笑顔なのは、なぜか

ニュースで、地震や火災による被災者がテレビ局のインタビューを受けている姿をみることがあるだろう。

地震で家が崩れるのが怖くて車のなかで寝ている人は、いったい、どんな思いなのか――。きっと想像を絶する苦境に追い込まれているに違いない。泣き叫びたいような、どうしようもない思いに圧倒されているはずである。それなのに、何もしてくれない報道陣に対して怒りをぶちまけることなく、泣き叫びながら窮状を訴えることもなく、困惑する気持ちを淡々と語る。

被災者が泣きわめいて窮状をアピールする海外の様子とは対照的に、自分の感情を抑えて、

「ほんと、困っちゃいますよ」

「明日からどうしたらいいのか……」

と淡々と語る。疲れ切った様子をみせながらも、ときに力のない困ったような笑顔をみせつつ、静かに窮状を語る。

なぜ、困っているのに笑顔をみせるのか。海外の人たちは、それを不思議に思うようだ。

ここにも文化的伝統の違いが色濃くあらわれている。

「自己中心の文化」の住人であれば、自分の思いや感情を相手にストレートにぶつければよい。ゆえに、

「なんで自分がこんな目に遭わなきゃいけないんだ！」

と怒りをぶつけたり、泣き叫んで窮状をアピールしたりできる。

だが、「間柄の文化」の住人としては、そのような自己中心的な態度はとれない。そんなふうに怒りをぶつけたり、感情的になって窮状をアピールなどしたら、相手を困らせてしまう。

相手の気持ちに共感しやすい日本人は、たえず相手の気持ちを気遣っている。困っている人を前にすると、心が大きく揺さぶられる。いくら同情心が湧いても、そう簡単に窮状から救ってやることなどできないため、どんな言葉をかけたらよいか、大いに困惑する。

だが、気を遣うのは、被災者を前にした人たちだけではない。被災者の側も、日頃からごく自然な配慮の姿勢を身につけているため、目の前の相手に気を遣う。被災者である自分に対して気を遣ってくれるのがわかるからこそ、被災者の側も気を遣い、相手に気を遣

わせないために、無理して笑顔をみせるのである。

「無理して」といったが、長年、日本文化にどっぷり浸かって暮らしていると、その「無理」が、無意識のうちに、ごく自然にできるようになる。

困っているのに、なぜか笑顔になっている瞬間がある。こうした何気ないやりとりのなかにも、「間柄の文化」に特有の奥ゆかしい気遣いがあるのである。

「はい」は必ずしも「イエス」ではない

相手のいい分に納得がいかないとき、あからさまに拒否的な態度をみせる欧米人と違って、私たち日本人は、とりあえずうなずきながら聞く。

相手の思いや意見に共感しようという気持ちから、まずは相手の視点を尊重し、それをわかろうとする。「はい」「ええ」などと肯定的な返事をしながら、受容的に話を聞く。

賛同できない場合であっても、

「いいえ、違います。私はそうは思いません」

とピシャリと否定したりせずに、まずは相手の視点に共感しながら聞こうとする。

これが、やはり海外の人たちを混乱させるようだ。

ソ連時代の共産党の機関紙「プラウダ」の特派員として6年ほど東京で暮らした経験のあるオフチンニコフは、日本語の「はい」という言葉は必ずしも「イエス」を意味するとは限らないからややこしいと述べている。

「日本人は、こちらがひと区切りいうたびに『はい』という言葉をかえすが、それは決して、かならずしもあなたの言葉に同意したということではなくて、単に『なるほど、なるほどそうですか。どんどんお話しなさい。聞いておりますよ』といっているにすぎない」（オフチンニコフ　早川徹訳『一枝の桜――日本人とはなにか』中公文庫）

相手のいうことに賛成できない場合も、「はい」という。それは「同意した」という意味ではなく、「なるほど」とか「聞いています」という意味に過ぎない。たしかに同意をしていなくても、私たち日本人はいちいち「それには同意できない」などと意思表示をせずに、「はい」とうなずきながら相手の話を聞く。

さらに、オフチンニコフは、日本人は一言ですむようなことでも、意味のない言葉をわざと多用するという。

「ひとつひとつの文句は、あやふやな気持ちや、自分のいったことの正しさを疑う気持ちや、相手の反論に賛成しようとする気持ちがこもった注釈をつけて、わざと意味があいまいにされる。日本人は幾世代ものあいだに婉曲な話し方をして、意見が露骨に衝突しないようにしたり、だれかの自尊心を傷つけかねないような、はっきりした断定を避けるように、しつけられてきたのである」（同書）

そして、外国人には遠回しないい方をするという習慣がないため、外国語を完全に習得した日本人は、日本語で伝えるよりも、外国語でいう方が自分の考えを伝えるのが簡単だという。

たしかにそうだろう。「自己中心の文化」では自分の考えをそのままいえばよいのだから簡単である。それに対して、「間柄の文化」では相手の気持ちや立場を思いやりながら自分の考えをうまく伝えるような配慮が求められるため、いい方にいろいろと気を遣わなければならない。

納得がいかなくても、うなずくということに関連する日米の文化差について、アメリカの研究者と日米比較共同研究を行ってきた心理学者東洋《あずまひろし》も、次のように述懐している。

「当初アメリカ側がしばしば苛立ったのは、決まったはずなのに日本側が後から別の提案をするということだった。日本の感覚では、討論の際でもおうむ返しに反対するのは非礼である。うなずきながらよく聞いて、相手の言い分をよく消化して、それから頭ごなしの否定にはならないような形で反対提案をするものだという考えがある。(中略) ところがアメリカ側の受け取り方では、ひとつの主張がなされ、その場で反論されなければ、了解されたことになってしまう。そういう思考習慣の違いがあるのだということに互いに気づくまでには、いくつかの行き違いもあった」(東洋『日本人のしつけと教育――発達の日米比較にもとづいて』東京大学出版会)

そうした行き違いには、もっと深い心理的要因があったのかもしれないといって、東は、日本人とアメリカ人の自己観の違いを研究している社会心理学者マーカスの意見を紹介している。

マーカスは、東との雑談の折りに、

「アメリカ人は人の話を聞くときに頭の中を自分の考えでいっぱいにして聞くが、日本人はブランクな空間をつくって聞く」

といった。つまりアメリカ人は、入ってくる意見に常に自分の意見を対置して、「イエス」「ノー」とチェックしながら聞く。それに対して日本人は、そのような門番は置かずに、とにかくそのまま頭のなかの空白な部分に相手の意見を取り込み、その後に、頭の別の場所にしまってある自分の意見と照らし合わせる。

マーカスの言葉をそのように理解した東は、たしか中学校の頃、人の話は心を虚しくして聞くべきだと教えられたような気がするという。

このような文化差には注意が必要である。うっかりすると誤解が生じる。そして、そのようなすれ違いを引き起こす原因になっているのも、自己中心で動く欧米人と、まずは自分の意見は棚上げして相手の意見を理解しようとする、日本人の態度の違いだといえよう。

自己主張が苦手なわけ

最近の若者はやたら自己主張するようになって手に負えない、といった声が年配者から聞こえてくる。

たしかに、以前のような遠慮がなく、自分のいい分を主張する人間が増えてきた。新入社員が、自分の配属先が希望と違うと人事担当者に文句をいいに行ったり、若手部下が上司に対してずけずけ意見をいったりする。それでも全体としてみれば、自己主張が苦手だという者が、今の若い世代でも圧倒的に多いように思う。

学生たちに聞いてみると、人前で喋るのが苦手なのはもちろんのこと、グループワークとかで意見をいうのも苦手という者が非常に多い。なぜ意見がいえないのかを尋ねると、結局のところ障害となっているのは気遣いだとわかる。

「こんなことを言ったら、どう思われるかな。反発する人とか、傷ついたり気にしたりする人はいないかな、なんて思っているうちに、言うタイミングを逃すことが多い」

「聞いていて、ちょっと違うなと思っても、それを否定するようなことは言いにくい。自分の意見を否定されたら、だれだって気分悪いし、傷つくでしょ」

「自分が言おうとしたことと違う意見を先に言われてしまうと、どうしても言いにくくなってしまう。反対意見みたいになって気まずくなるのはイヤだし」

などという。

人がどう思おうと関係ない、自分の思うことをいえばいいんだ、と開き直れれば、何も躊躇することなく自己主張できる。

でも、私たちには、自分の視点だけから主張するのは見苦しいし大人げないといった感受性がある。

「自己中心の文化」では、自分の視点だけから主張するのは当たり前だから、えげつないくらいに自己主張ができる。

だが、「間柄の文化」では、相手の視点も配慮しなければならない。相手の気持ちや立場を思いやらなければならないから、自分勝手な自己主張はしにくい。

気遣いが自己主張の障害になるといったが、それは「自己中心の文化」の住人のように自己主張的に振る舞うためには障害になる、という意味である。でも、「間柄の文化」の住人としては、自己主張が苦手なことはけっして情けないことではない。自己主張的な人と比べて他人のことを配慮できるという意味で、むしろ成熟しているということになる。

そうした気遣いによって、争い事が少なく協調的で治安のよい平和な社会が保たれている。自己主張の盛んな社会は、争い事だらけの訴訟社会になっている。

自己主張が苦手なことにコンプレックスをもつ人が多いようだが、それは「自己中心の文化」を基準にするからだ。「間柄の文化」の価値観からすれば、未熟な人物ほど勝手な自己主張をする。自己主張が苦手なことの理由に目を向けると、私たちの心の深層に気遣いの精神がしっかりと根づいていることがわかるはずだ。

遠慮するのはなぜか

イギリスに留学し、ホームステイを始めた頃のある日本人学生の話である。ちょっと帰宅時間が遅くなり、夕食時間に間に合わなかった。帰宅すると、

「夕食はどうする？」

と尋ねられ、みんなが食べた後なのにまた準備をしてもらうのは悪いと思い、

「遅くなってしまったから、ちょっとでいい」

と答えた。だが、その微妙なニュアンスは伝わらず、

「夕食はいるのか、いらないのか？」

と二者択一で問い直された。そうなると、こちらの思いを説明するのが面倒になり、

「いらない」

と答えざるを得なかった。そうしたら結局、食べ物は何も出ず、夜中に腹が減って困っ

たという。

腹が減って困るくらいなら、なぜ「いる」といわなかったのか。

自分の都合でいうべきことを決めればいい「自己中心の文化」の住人なら、そうすればいい。「いる」といえばいい。

しかし、「間柄の文化」の住人としては、相手の気持ちや立場を思いやらなければならない。自分としては夕食をちゃんと出してもらえればありがたいが、夕食の時間が終わっているのに、また夕食の準備をしてもらう手間をかけさせるなんて申し訳ない、といった思いが頭をもたげる。そこで、「ちょっとでいい」といったいい方になる。

一方、「自己中心の文化」では、そんな曖昧ないい方は通用しない。何わけのわからないことをいうんだ、といった感じで、「いるのか、いらないのか?」と聞き返してくる。

これが日本であれば、「ちょっとでいい」という遠慮に応えて軽い食事が出てくるか、あるいはそんな遠慮はいらない、といった感じでちゃんとした食事が出てくるだろう。それは、こっちが遠慮しているのがわかるからである。

私たち「間柄の文化」の住人は、自分の都合や要求を主張するのはみっともないといった感受性をもっている。自分勝手なことをいったり、したりすることの見苦しさを嫌い、遠慮する。だが、遠慮しても、相手がこちらの気持ちを思いやって動いてくれる。ゆえに、さっきの事例でいえば、夜中に腹が減って困るというようなことには、けっしてならない。

お互いに遠慮する心をもっているから、相手がこちらを気遣っているのだと見抜けるため、遠慮がうまく機能する。お互いが相手のことを思いやる心をもつので、これが成り立つのである。

なぜ、共感性が高いのか

「甘え」という概念で日本人の心理を特徴づけた精神分析家の土居健郎は、研修でアメリカを訪れた際に、アメリカの精神科医の共感性の鈍さに驚いたという。

「私はその間アメリカの精神科医が実際にどのように患者に接しているかをあらためて観察する機会を与えられた。（中略）その結果アメリカの精神科医は概して、患者がどうにもならずもがいている状態に対して恐しく鈍感であると思うようになった。いいかえれば、彼らは患者の隠れた甘えを容易に感知しないのである」

「普通人ならともかく、精神や感情の専門医を標榜する精神科医でも、しかも精神分析的教育を受けたものでさえも、患者の最も深いところにある受身的愛情希求である甘えを容易には感知しないということは、私にとってちょっとした驚きであった。文化的条件づけがいかに強固なものであるかということを私はあらためて思い知らされたのである」（土居健郎『「甘え」の構造』弘文堂）

だが、このような驚きは、日本人である土居自身の共感性が高いからだといえる。アメリカ人にとってはごく普通の態度なのに、土居からすれば、なぜ患者の気持ちに対する共感性がこれほど鈍いんだろうと、もどかしい気持ちになったのだと思われる。

では、なぜ日本人はそんなに共感性が高いのか。

それは、日本文化が共感性にとくに価値を置いているからである。

その証拠に、私たち日本人は、子どもの頃から「人の気持ちを思いやるように」といって育てられる。

心理学には発達期待という概念がある。こんな人間に発達していってほしいという期待である。

発達期待に関する国際比較研究によれば、日本の親や幼稚園の先生は、子どもに対して、思いやりのある子になってほしい、協調性のある子になってほしいといった期待をもっている。それに対して、アメリカの親や幼稚園の先生は、子どもに対して、自信のある子になってほしい、自己主張ができる子になってほしいといった期待をもっている。発達期待は人々の心の発達を方向づける。

その結果、日本人は相手の気持ちを考えながら相手に合わせる人間に育っていき、アメリカ人は自信をもって自己主張する人間に育っていく。

人の気持ちを考えることを最優先する日本人と、自信をもって自己主張することを最優先するアメリカ人を比べた場合、どちらが人の気持ちに対する共感性が発達するかは明白だろう。

間柄としての自己を生きる

なぜ、そのような発達期待の違いがあるのかといえば、日本は「間柄の文化」をもち、私たちは他者から切り離された独立的自己を生きているのではなく、他者と相互に影響を与え合う「間柄としての自己」を生きているからである。

哲学者和辻哲郎は、日本語の「人間」という言葉が「人」という意味で用いられていることに着目している。「人」にわざわざ「間」をつけた「人間」、つまり「人の間」が、なぜまた「人」の意味で使われるのかというのだ。

和辻によれば、ドイツ語でも、フランス語でも、英語でも、中国語でも、このような混同はみられないという。

インド哲学者中村元《はじめ》も、漢訳仏典における「人間」という言葉について、サンスクリットやパーリ原典などを検討してみても、「人々の間」「人々の住んでいるところ」という意味になっており、個人を意味することはないという。

では、「人々の間」を意味する「人間」という言葉が、なぜ日本語では、また「人」を意味するのか。まさにそこに私たちの自己のあり方の特徴があらわれている。

和辻は、「人間」という概念について、つぎのようにいう。

「人間は単に『人の間』であるのみならず、自、他、世人であるところの人の間なのである。が、かく考えた時我々に明らかになることは、人が自であり他であるのはすでに人の間の関係にもとづいているということである。人間関係が限定せられることによって自が生じ他が生ずる」

「人は世間において人であり、世間の全体性を人において現わすがゆえに、また人間と呼ばれるのである」（和辻哲郎『人間の学としての倫理学』岩波文庫）

日本人にとっては自分も相手もはじめから存在するのではなく、具体的な人間関係のなかで自分と相手の形が決まってくるのである。

私たち日本人には、多くの文化にみられるような「個」といった意識は希薄で、自分も相手も「個」として存在しているのではなく、お互いの間柄を生きているのである。だから、「人」＝「人間」＝「人の間」＝「間柄」なのである。

私たちは、「個」として生きているのではなく、たえず相手の心の動きを配慮しながら間柄を生きている。だから共感性が発達するのである。

このような共感性の高さは、言葉にしない思いまでも察するという、これまた日本特有のコミュニケーションにつながっている。

それは、遠回しないい方、以心伝心、暗黙の了解、察し合いなどといわれる、言葉に頼らないコミュニケーションを可能にする。

文化人類学者ホールは、意思の疎通を言葉に頼る文化と言葉に頼らない文化があることを指摘し、コンテクスト度（文脈度）という概念を提唱している。

コンテクスト度の低い文化とは、人々の間に共通の文化的文脈がなく、言葉ではっきりいわないと通じ合えない文化のことである。欧米のような言葉ではっきり伝えるコミュニケーションは、コンテクスト度が低い文化の特徴といえる。

一方、コンテクスト度の高い文化とは、人々が共通の文化的文脈をもち、わざわざ言葉でいわなくても通じ合う文化のことである。日本のようなはっきり言葉に出さないコミュニケーションは、コンテクスト度の高い文化の特徴ということになる。

私たち日本人は、とくに意識していないものの、ごく自然に高コンテクストのコミュニケーションを用いている。

そのことを自覚するためのチェックリストがあるので、各項目が自分に当てはまるかどうか振り返ってみよう。

① 相手の依頼や要求が受け入れがたいときも、はっきり断れず、遠回しないい方で断ろうとする

② 相手の意見やアイデアに賛成できないときも、はっきりとは反対しない

③　はっきりいわずに、相手に汲み取ってほしいと思うことがある
④　相手の出方をみながら、自分のいい分を調節するほうだ
⑤　これ以上はっきりいわせないでほしい、察してほしいと思うことがある
⑥　相手の期待や要求を察して、先回りして動くことがある
⑦　相手の言葉から、言外の意図を探ろうとする方だ
⑧　相手の気持ちを察することができる方だ

遠回しないい方で断ろうとする。賛成できなくてもはっきりと反対しない。はっきりいわずに汲み取ってほしい。相手の期待や要求を察して先回りして動く――。これらは、低コンテクストのコミュニケーションを用いる欧米人などには、まったく意味不明に違いない。一方、これらは私たち日本人にはごく普通のことであり、ほとんどの項目が自分に当てはまると思うのではないだろうか。察するのが苦手という今どきの若者に尋ねても、ほとんどの項目が自分に当てはまると答える。

このように、高コンテクストのコミュニケーションに幼い頃から馴染んでいるせいで、私たち日本人の共感性は磨かれるのである。

謝罪が責任に直結しない「お互い様」という考え方

日本人はよく謝るといわれる。それは、欧米など海外の国々と謝罪のもつ意味が違うからである。

多くの国々では、謝罪すると自分に非があることを認めたことになり、非常に不利になる。賠償責任がかかるなど、責任を追及される。ゆえに、よほどのことがない限り謝らない。身を守るためには安易に謝ってはいけないのだ。

アメリカでは、カリフォルニア州をはじめ多くの州で「アイムソーリー法」を制定しているという（佐藤直樹『なぜ日本人は世間と寝たがるのか――空気を読む家族』春秋社）。

これは、病院で患者が死亡したとき、医師が患者を助けてやれなかったことを悔やみ、遺族に対してうっかり「アイムソーリー」といってしまっても、医療過誤訴訟の証拠にしないということを定めたものである。

そのような法律をわざわざ制定しなければならないほど、謝るということは不利に働くのである。

日本の場合は、事情はまるで正反対といえる。

たとえば、何かトラブルが生じたときなど、一方が謝れば、他方も、

「こっちにも落ち度がありますから」

などといって、「お互い様」といったよい雰囲気が醸し出される。もし、そこで謝らずに、

「こっちは悪くない」

といい張ったりすれば、相手も、

「何言ってるんだ、そっちが悪いんだろう」

とムキになって責めてきて、最悪の雰囲気になるはずだ。

私たち日本人の心の深層には、自分の非を認めずに自己正当化するのは見苦しく、みっともないといった感受性が根づいている。そのため、自分の非を認めずに自己正当化に走る人物は自分勝手な未熟者とみなされ、軽蔑される。

さらには、私たち日本人の心の深層には、非を認めて謝っている人物をそれ以上責め立てるのは無粋《ぶすい》であり、みっともないといった感受性がある。そのため、自分の非を認めて謝る人物は、その潔さが評価され、寛大な対応がなされるのが普通である。

このように、自己正当化が嫌われ、謝罪が評価される社会だからこそ、私たち日本人は

すぐ謝るのである。

謝ることによって場の雰囲気がよくなり、「お互い様」といった感じで歩み寄ることができる。謝罪が人間関係の潤滑油として機能しているわけだ。

謝罪が責任に直結しない文化、むしろ謝罪が場の雰囲気を和らげる文化だからこそ、日本人はすぐに謝るのである。

「お客様扱い」が「お互い様」の精神を破壊させた

これまで述べてきたような、日本人特有の文化的背景があるにもかかわらず、欧米の価値観をむやみに取り入れてしまったために、過剰な「お客様扱い」が客の勘違いを助長させるのである。

人間、だれしも自己愛が強いものだし、甘やかされれば図に乗ってしまう弱い存在である。

甘やかされた子がわがままな人間に育つのと同様、「お客様」と崇められ、ちやほやされるとつい調子に乗り、理不尽な要求、過剰な期待をする「手に負えない客」になっていく——。

そうなると、これまでなら我慢できたことも我慢できなくなり、順番を待たされたりすると、他の人も同じく待っているのに、怒り出すようになる。

店が混み合っていれば、客の相手をする店員の側も大変だし、お互いに大変なはずなのだが、両者のバランスが崩れ、「お互い様」の感覚がなくなってしまい、

「ずいぶん前に注文したのに、まだ出てこないのか！」

と怒鳴り出したり、店員の態度が悪いとネットに悪評をまき散らしたりする。

店員にだって自分の生活があるのに、閉店時間だといわれると怒り出す。

電車が人身事故で止まると、駅員も困っていて、困っているのは「お互い様」なのに、何も悪くない駅員に向かって怒りを顕わに、

「いったい、いつになったら動くんだ！」

と詰め寄る。

業者にだって私生活があるのに、週明けまで待てず、休日に取引先の担当者の携帯に電話する。

患者には、医師の指導を守ってもらわなければならないし、指導するのも治療の一環なのに、医者の「上から目線」が気に入らないと受付で怒鳴り散らす。

すぐにクレームが来ることに教員の側もうんざりしつつ、悪いことをした生徒を叱るのは教師の義務だからと、生徒のためを思って叱っても、ほめて育てる時代に何をする、子どもが叱られて傷ついているじゃないか、と親が文句をいう。

やる気のない学生に授業をしたり、研究指導をしたりする苦労も知らずに、全然勉強しない学生を落とすと、授業料を払っているのに落とすとは何ごとだ、教え方が悪いなどと親がクレームをつける……。

このように、「お客様扱い」の推奨が、労働者側に一方的かつ過剰な「気遣い」を促し、「お互い様」の精神が崩れつつある。これまで自然に機能していたお互いの「気遣い」の精神がうまく機能しなくなりつつある。

もちろん、今でも、

「ありがとうございました」

という店員に対して、

「ありがとう」

という客の方が多いかもしれない。

そうした「お互い様」の精神があれば、働く側も気持ちよく働ける。

だが、「お互い様」の感覚が欠如し、一方的に奉仕を要求する客が少しでもいると、その感じの悪さが店員の気持ちに大きなダメージを与える。

このように、過剰な「お客様扱い」により、客たちの自己愛をむやみに増長させることの弊害は非常に大きい。

過剰な「お客様扱い」が客の自己愛を不必要に増長させ、気持ちよく働ける労働環境を破壊しつつあるといってもよいだろう。

・コンビニの店員が、いちいちうるさいことをいう客に対して突然キレる
・駅員がしつこく詰め寄る乗客に対して、いい加減にしろと怒鳴り出す
・学校の教員が、もう我慢できないといった感じで生徒の親に暴言を吐く
・病院で文句をいう患者に対して看護師が口汚く罵る
・居酒屋の店員が、いいがかりのようなクレームをつける客に対して、ふざけるなと頭からジョッキのビールをぶっかける

あらゆる労働の場が、このような事態がいつ起きてもおかしくない一触即発の状況にな

ってきている。

その背景となっているのは、過剰な「お客様扱い」を当然とみなす風潮である。「お客様扱い」を当然とみなして過剰な要求をし、「お互い様」の精神を失った客や生徒や患者が、労働者を爆発寸前まで追い込んでいる。

かつて「お互い様」の精神によって嚙み合っていた「気遣い」と「感謝」のバランスを、過剰な「お客様扱い」を推奨する風潮が崩してしまったのである。

第2章　あらゆる職業が感情のコントロールを強いられる社会へ

一方的な奉仕を強いられる社会

第一次産業の時代から、第二次産業の時代へ、そして第三次産業の時代になって、サービス業の比重がますます大きくなっている。

経済産業省によれば、今やサービス産業は日本のGDPの約70パーセントを占め、従業員の人数でも約75パーセントを占めている。

農林水産業は自然相手の仕事、工場労働や技術職はモノや機械が相手の仕事だが、現在では、多くの人が人間相手の仕事に就いている。

今までは、日本人特有の気遣いの心が働き、気持ちのよいサービスが行われてきた。

ところが、第1章でみてきたように、過剰な「お客様扱い」を推奨する風潮が広まったため、サービスの受け手の要求水準が一気に高まり、なかには暴君のように振る舞う消費者も出てきた。

そこまで極端な消費者はごく少数にしても、多くの消費者の心のなかに、「お客様扱い」を当然とみなす感受性が植えつけられていった。

「顧客満足度」などといった概念が輸入され、労働者は常に顧客からの評価を気にしながら働かなければならなくなった。評価される側の立場は常に弱い。それによって労働者の側が一方的に奉仕を強いられるといった状況が生じ、労働者は逃れようのない過重なストレスにさらされるようになった。

この章では、『おもてなし』の精神」を強いられる労働者のきつい状況を、「感情労働」という観点からみていくことにしたい。

感情労働という言葉はすでに世の中に広がっているが、ここでは、私が展開してきた日本人論と絡めて、なぜ今、とくに日本社会で感情労働の問題を取り上げなければならないかを説明していきたい。

感情労働に必要とされる表層演技と深層演技

社会学者ホックシールドは、肉体労働や頭脳労働とは別に感情労働というものがあると指摘した。

「この労働を行う人は自分の感情を誘発したり抑圧したりしながら、相手のなかに適切な精神状態──この場合は、懇親的で安全な場所でもてなしを受けているという感覚——を作り出すために、自分の外見を維持しなければならない。この種の労働は精神と感情の協調を要請し、ひいては、人格にとって深くかつ必須のものとして私たちが重んじている自己の源泉をもしばしば使いこむ」（ホックシールド　石川准・室伏亜希訳『管理される心——感情が商品になるとき』世界思想社）

「この労働を行う人」というのは、客室乗務員のことをさしている。感情労働とは、要するに、職務にふさわしい感情を演出し、管理することが求められる労働のことである。

ホックシールドは、つぎのような客室乗務員の例をあげている。

「私が話をした人々はよく、自分たちの笑顔は自分の上（on）に置かれているけれども、それは自分自身の（of）気持ちではない、と話していた。それらは、化粧、制服、音楽、気分が和らぐパステルカラーの内装、飲み物等の延長線上にあるものとみなされており、乗客たちの気分を作り上げるものとして一まとめに考えられていた。（中略）客室乗務員にとって微笑むことは〈仕事の一部〉であり、（中略）疲れや苛立ち

をごまかすことも仕事のうちである。思わずそれらを見せてしまえば、乗客の満足という生産物は台無しになる」（同書）

このような記述を読むと、いかにも人工的でわざとらしい振る舞いを売り物として提供している、といった印象をもってしまう。だが、客とかかわる仕事では、このように好ましくない感情を抑えたり、好ましい感情を演出したりということを、だれもが多かれ少なかれしている。そうしないと客相手の仕事はうまく務まらない。

そこで演出されるのは、職務にふさわしい感情であり、抑えられるのは、職務にふさわしくない感情である。

職務にふさわしい感情というのは、一般に研修などを通して、「このような気持ちをもって応対すべき」といって組織の側から示されるものである。それに反する感情を表出しないように注意しなければならないのだから、「このような気持ちはけっして表に出してはいけない」というようなことも暗に示されている。

組織の側からわざわざいわれなくても、その職業に対して抱くイメージによって自ら自分に課すということもあるだろう。

感情労働において用いられる技法として、ホックシールドは、表層演技と深層演技をあげている。

表層演技というのは、その場面にふさわしくない感情を抑え、その場面にふさわしい感情を表現することである。

たとえば、客の態度に腹が立っても怒りの感情は抑えて、にこやかな表情でもてなしの気持ちをあらわしたりすることである。

つまり、実際に生じている職務役割上において不都合な感情を抑えたり（感情抑制）、実際には抱いていない職務役割上において必要な感情を抱いているかのようにみせかける（感情偽装）など、心のなかに実際に生じている感情とは関係なく、みせかけの感情を装うのが表層演技である。すなわち、その場にふさわしい感情表出を装う自己呈示であり、上辺だけ取り繕うものである。

一方、深層演技というのは、その場面にふさわしい感情が実際に生じるように努力し、またその場面にふさわしくない感情が生じないように努力することである。

たとえば、理不尽な要求をする客に腹が立たないように感情コントロールをしたり、相手に同情すべきときは、心から同情心が湧くように自分の気持ちをコントロールしたりすることである。

表層演技のようにみせかけを取り繕うのでなく、自分の感じ方そのものを役割にふさわしいものに変えようと努めるのが深層演技である。

いわば、役者が自分に与えられた役に入り込むように、自分の職務上の役割にふさわしい感情がほんとうに湧くようにするのである。

「こう感じるべき」という感情労働の規則

職務にふさわしい感情がどのようなものなのかを教え、感情労働の方向性を指し示すのが感情規則である。私たちは、感情規則に従って、自分の感情をコントロールすることになる。

ホックシールドは、「私が感じること」と「私が感じるべきこと」のズレに注目することによって感情規則というものがわかるという。

いい換えれば、「この場面では、こう感じるべき」というのが感情規則といってよいだろう。

たとえば、私たちは、結婚式の場では祝福する気持ちに浸るべき、葬儀の場では悲しむべき、客の前では機嫌よく振る舞うべき、客の前では怒りや不機嫌な気分は抑えるべき、病気の人には思いやりの気持ちをもつべき、幼い子どもには寛大な気持ちをもつべき……などと、心のどこかで思っているものである。そのようなものが感情規則に相当するのであろう。

そして、私たちは、自分の感情表出が感情規則に則っているかどうかをたえずモニターしながら、適切な感情表出ができるように自らをコントロールすることが求められている。顧客満足のためには、表層演技は最低限必要なものといえる。「お客様扱い」の基本は、この表層演技といってよい。

理不尽な客の要求にどんなに腹が立っても、それを抑えてにこやかに振る舞う。自分には落ち度がない、客のいい分の方が間違っていると思っても、「すみません」「申し訳ありません」などと頭を下げる。とんでもない客だと軽蔑心や嫌悪感が湧いても、そんなことはおくびにも出さず、笑顔でもてなす。

個人的に大変なことがあって気分が沈んでいるときも、目一杯の笑顔で明るく振る舞う。このようなことは、まさに「『おもてなし』の精神」の基本といってよい。

感情の抑制が大きなストレスを生む

有能な働き手は、感情労働を上手にこなしているものである。だが、感情労働は、いわば感情を偽るわけだから、かなりのストレスになるはずである。

表層演技は、感情を偽って表現するので、自己不一致が生じ、それが職務満足感の低下や情緒的消耗感をもたらすことが指摘されている。

自分を偽っているといった意識があるため、たしかに気分の良いものではないだろうし、自己嫌悪に苛《さいな》まれることもあるかもしれない。いずれにしても、このような演技を強いられる毎日では、気分はスッキリしないだろう。

看護師の感情労働についての研究を進めている武井麻子は、表層演技の特徴とその弊害について、つぎのように述べている。

「最近の病院でよくみる接遇マニュアルは、表層演技のための指南書、脚本といってもよいものだ。これに卓越すればするほど、優秀な看護師に見えるが、それは『偽りの自分』を演じているにすぎず、患者や同僚をだましている、裏切っているという後

味の悪い感覚、罪悪感が沈殿していく」（武井麻子「感情労働と看護」保健医療社会学論集 第13巻2号 2002年）

一方、深層演技の方は、その場面にふさわしい感情がほんとうに生じるようになるわけだから、職務上の達成感につながるという指摘もあるし、職務成績の向上にも関係しているとする報告もある。だが、情緒的消耗感につながるという報告もある。

職務上の役割にふさわしい感じ方ができれば仕事もうまくいくだろうし、達成感につながるかもしれないが、もともと無理をして役割に徹しようと努力してそうなったわけだから、消耗感は免れないのではないだろうか。

深層演技の特徴と弊害についても、武井はつぎのように述べている。

「看護師は仕事上、単なる印象操作にとどまらず、自分の感情そのものを加工することがある。たとえば、接遇マニュアルには、『患者がもし、看護師に腹を立てて当たるようなことがあっても、それは何かわけがあって看護師としてのあなたに腹を立てているのであって、あなた個人に向けられていると受け取ってはなりません』というような教えが書いてある。看護師としての自分とプライベートな自分とを切り離せというのである。そうやって自分の内に沸《ママ》きあがってくる感情をなだめ、別の感じ方に加工しようとするのである。これが深層演技という、もう一つの感情ワークである」

「こうした作業は優秀な看護師でいつづけるために必要なスキルであるにしても、おそろしい副作用がある。喜びや悲しみといった人間的な感情までもが、自然には湧かなくなってくるのである。（中略）その場にふさわしい、つまりこう感じるべきだと思う感情しか感じられなくなる」（同書）

深層演技では、感じるべき感情がほんとうに生じるようになるわけだが、それはまがい物の感情であるため、自己欺瞞の感覚がどうしてもつきまとう。

武井は、看護師の高い喫煙率やアルコール依存、買い物依存なども、こうした感情労働を強いられることと関係しているのだろうとしている。

このような表層演技や深層演技の弊害は、看護師に限らず、あらゆる職業に伴う感情労働につきまとうものといってよいだろう。

心のなかに実際に生じている感情と表現する感情の間にズレがある場合、つまり実際に生じている感情がうっかり表に出ないように抑制するとき、表向きはその場にふさわしくない感情を隠せても、心のなかに矛盾を抱えることになるし、自律神経系の活動が高まることもわかっている。

つまり、感情を抑制することは、大きなストレスになるのである。

感情労働をうまくこなせていると、役割をきっちりこなしている自分といったイメージに酔うことができるかもしれないが、じつは、それによって大きなストレスを抱え込んでいるのである。

感情労働の恐ろしさはそこにある。有能に役割をこなすことによって、より大きな心理的負荷がかかってくるのである。

深層演技よりも表層演技の方が消耗感を生じさせ、バーンアウトにつながりやすいといった研究結果は多い。表層演技の場合は、実際に心のなかに生じている感情を無理やり抑え込んだり、ほんとうに生じているものとは違う感情を無理して表出したりすることが、自己矛盾を意識させ、魂を売っている感じにもなり、非常に大きなストレスになるのだろう。

自己開示、つまり自分の思っていることや経験を率直に語ることによって、ストレスが軽減され気持ちが楽になることが知られているが、このことは逆に率直に感情をあらわせないことが、いかにストレスになっているかを如実に物語るものといえる。

感情のコントロールを失わせるバーンアウトという現象

バーンアウトという概念は、臨床心理学者Ｈ・Ｊ・フロイデンバーガーによって提唱され、社会心理学者Ｃ・マスラックによって極度の身体的疲労や感情の枯渇を示す症候群と定義され、対人援助職を対象として多くの研究が行われてきた。

マスラックのバーンアウトを測定する尺度は、情緒的消耗感、脱人格化、個人的達成感の減退という３つの下位概念によって構成されている。

情緒的消耗感とは、無理して頑張ることで心が消耗してしまった感じのことである。脱人格化とは、感情が枯渇し、気持ちのこもらない非人間的な応対をするようになることである。そして、個人的達成感の減退とは、職務に対する有能感や達成感を感じなくなることである。バーンアウトに関する多くの研究は、この３つの因子からなる尺度を用いて行われている。

日本では、マスラックの尺度をもとに、日本の看護師の労働環境も考慮して作成された、組織心理学者の田尾雅夫による日本版バーンアウト尺度およびその改訂版がよく用いられている。

当初、マスラックは、バーンアウトを対人援助職のみに結びつけていたが、しだいにバーンアウトの概念を拡げて対人援助職以外にも適用するようになってきた。

また、組織心理学者D・ザップらは、障害児施設、ホテル、コールセンター、銀行、幼稚園などの従業員の感情労働についての調査を行った結果をもとに、感情労働がバーンアウトを引き起こすとした。

とくに、実際に生じている感情と他者に向けて表現している感情が矛盾することが、バーンアウトにつながりやすいとしている。

このような対人援助職では、無理をして相手の気持ちに共感し、相手が要求する感情を表現するように努力することが強く求められるため、精神的に消耗するわけである。

それが行きすぎると、疲れすぎて自分の感情をうまくコントロールすることができなくなる。バーンアウトとは、そのような状態のことをさす。

感情労働とバーンアウトの関係に関する研究では、とくに表層演技をし続けることが精神的な消耗感をもたらし、バーンアウトにつながりやすいとするものが多くみられる（榊原良太「感情労働研究の独自性及び意義を再考する——感情制御研究の援用という視座からの試論」東京大学大学院教育学研究科紀要　第54巻　2014年／関谷大輝・湯川進太郎「感情労働尺度日本語版ELS-Jの作成」感情心理学研究　第21巻第3号　2014年／古川和稔他「介護職員の現状 第一報 感情労働がバーンアウトに与える影響」JSCI自立支援介護学　第7巻第2号　2014年／片山はるみ「感情労働としての看護労働が職業性ストレスに及ぼす影響」日本衛生学雑誌　第65巻　2010年など)。

自分の感情を偽ることが、いかに大きなストレスになるかがわかるだろう。

これまで顧客の評判がよく、模範的とみなされていた従業員が、突然、顧客に対してキレたりすることがある。あるいは、いつでも笑顔の応対が売り物の、非常に感じのよい従業員が、電池が切れた人形のように無表情になり、上の空で応対をするようになることがあある。

こうした事例は、まさに対人援助職にありがちなバーンアウトの姿といってよいだろう。

だれもがごく自然に気遣いをしてきたのだが……

対人援助職に求められる感情労働には、自分の感情を相手との関係にふさわしいものにコントロールするという側面と、相手の感情に対して適切な対処をするという側面がある。

感情労働の要素をみて思うのは、日本人はもともとだれもが感情労働をしてきたということである。そして、幼い頃からの文化的条件づけによって、それがかなり得意だということである。

日常の人間関係にとどまらず、仕事の場においても、だれもが感情労働的な気遣いをごく自然にしているはずだ。

たとえば、感情労働としては、保育者は園児、学校の教員は児童・生徒、医療関係者は患者、介護関係者は施設利用者の気持ちに配慮したり、共感したりしながら対応することが求められるが、日本人はそのような配慮や共感が非常に得意である。

第1章で紹介したように、精神分析家の土居が、アメリカの精神科医たちが患者の内面に対してあまりに鈍感で共感性が乏しいのに驚いたといっているが、逆にいえば、日本人は欧米人に比べて相当に人の気持ちに対する共感性が高い。

それは、幼い頃から人の気持ちを考えて行動するようにしつけられているからである。

日本人は人の目ばかり気にするといわれるが、人の目を気にするのは、人がどう思いどう感じるかをたえず配慮しなければならないからだ。人の気持ちなどどうでもいい、自分のいいたいことをいい、自分のしたいようにすればいいのだと思っていたら、人の目など気にする必要はない。

仕事の場のみならず、日常の人間関係の場においても、そうした配慮は行われているはずである。相手の気持ちを察しようと努力し、相手の立場や気持ちを思いやって、自分のいいたいことをどこまでいうか、どのようにいうかを調整するのが普通である。

そして、異常なまでの感情労働を強いられる社会となった

このように、感情労働をとくに意識すべきは欧米人なのであって、日本人ではないということは明白だろう。

研修などで、客を尊重するように促す教育は、欧米などでは必要だろうが、日本にはそれほど必要なかった。それなのに、もともと文化的に自己中心的に振る舞わず、相手（客）に対する配慮がある日本で、わざわざ「お客の尊重」を吹き込むことで、客への配慮が過剰となり、おかしくなってきた。

客に対して感じよく振る舞ったり、客の要求を極力受け入れるようにするという意味での客への過剰な配慮ばかりではない。客に不便な思いをさせないようにと、休日も営業したり、閉店時間を遅くしたり、極端な場合は24時間営業したりしようとする。

そこには、そこで働く人のことを配慮する視点がない。客が休日に買い物したいだろうから休日に営業しよう、夜に店が開いていないと客が困るだろうから夜も開けておこう、といった発想ばかりである。

休日に勤務があったり夜に勤務があったりしたら、私生活に支障が出るだろうし、過重負担になるだろうといった従業員に対する配慮がない。

「自己中心の文化」であれば、従業員も自分の立場を主張し、自分の権利を守ろう、自分の身を守ろうとするだろうが、「間柄の文化」で自己形成してきた日本人は、そのような自己主張をしにくい。ついつい相手の立場を尊重する姿勢をとってしまう。

ゆえに、「お客様が困るだろう」といわれると、そこで納得してしまうのだ。そして、客にとっての感じの良さや便利さばかりを尊重する社会になってきた。

こうして日本の労働者は、客の奴隷のような存在になってしまった。

第1章でも述べてきたが、人間というのは、自己愛の強い生き物である。ついつい自分に甘くなる。ゆえに、やたら持ち上げられると人は勘違いする。自分がよほど尊重されるべき人物であるかのような気がしてくる。

そうなると、たとえば、店員に対して過剰な期待や要求をもつようになる。期待水準や要求水準が高まるため、以前なら何とも思わなかった対応にも、期待はずれという感じで腹が立ったり、以前ならしなかったような要求をするようになる。権力の座に就いた人物が、自分が偉くなったような気になり、横暴に振る舞うようなものだ。

もともと感情労働といえるような気遣いをお互いにしていた日本人同士なのに、こうした過剰な「お客様扱い」を推奨する風潮によって、客と店員の間の「お互い様」といった間柄が崩れ、店員の側が一方的に客に奉仕しなければならなくなった。

個という殻をもつ「自己中心の文化」であれば、店員にだって個があるため、当然客に対して身を守ることができる。

だが、個という殻がなく、間柄を生きる日本特有の「間柄の文化」では、客への奉仕に歯止めがきかない。もともと気遣う体質な上に、さらに奉仕の精神を叩き込まれる。

それによって日本は、世界で最悪の、異常なくらいの感情労働を強いられる社会になりつつある。

「お客様第一」という美徳も行き過ぎると……

機嫌がよければやたら陽気だが、すぐに機嫌が悪くなったり怒ったりする欧米人に対して、元来、日本人は感情を抑える習性を身につけている。

群雄割拠の戦国時代から江戸時代への移行期に当たる1600年前後に、日本を3度訪れた宣教師ヴァリニャーノは、日本についての報告書『日本諸事要録』において、日本人は感情をあらわすことには非常に慎み深く、感情をなかなか表に出さず、憤怒の情を抑制するため、怒りを爆発させることは稀だという。

そのため、街中でも自宅でも、他の国々のように大声で人と争うのをみることはないとしている。

さらに、日本人は人付きあいにおいて非常に思慮深く、ヨーロッパ人とは違って、嘆いたり不満をいったり、苦しい状況について語ったりする際も、感情的になることはないと記している。人を訪ねたときも、相手に不愉快なことをいうべきではないと心得ているため、けっして自分の苦労や不幸や悲嘆を口にしない。苦悩はできる限り自分の胸のなかにしまっておく。自らの苦労について語る場合も、大したことではないといった調子で、さりげなく触れるだけで、あとは一笑に附してしまう。否定的な感情を抑制することで、他人に負担をかけないようにする日本人の特徴について、そのように記されている（ヴァリニャーノ　松田毅一他訳『日本巡察記』平凡社）。

すでに400年以上も前から、日本には相手に負担をかけないように自分の感情を抑制するといった文化的な規範が根づいていたのである。

このように普段から感情コントロールをすべきといった規範に従っているため、日本人は感情的に取り乱すことが少ない。

事故や災害時の報道をみても、感情を剝き出しにして烈しく取り乱す人が海外では目立つのに対して、日本人は抑制のきいた人が多く、滅多なことでは取り乱したりしない。

アメリカの映画やドラマをみると、思い通りにならないときに攻撃的になって周囲に当たり散らしたり、意見が対立すると怒鳴るようにして議論したり、酷い目に遭うと怒りの感情を剝き出しにして攻撃的な言動をしたり、泣き叫んだりする場面によく出くわす。

日本的な感覚をもっていると、なぜあんなに動物的に衝動で動くのだろうと呆れる。日本ではそのような反応は稀だろう。そのように衝動を剝き出しにする人物は、未熟で人間ができていないとみなされる。

このように、日本人はもともと十分感情コントロールができているのに、さらに「お客様第一」「顧客満足優先」といった看板が掲げられ、よりいっそう感情を抑える労働を求められるようになった。

あまりに感情を抑えすぎると無理が出る。過度な感情コントロールは、非常に大きなストレスとなる。美徳も行き過ぎると感情の抑圧装置として危険な作用をしかねない。

今や、接客業だけではない

ホックシールドは、客室乗務員の労働を題材にして感情労働という概念を提起し、そうした労働の過酷さを指摘した。

そこで、感情労働というと接客業ばかりがイメージされがちだが、感情を極限まで抑えて客に過度に気を遣わなければならないのは、今や接客業に限らない。というより、多くの仕事が接客業のようになってきているというべきかもしれない。

一般に接客業というと、飲食店や小売店の労働をイメージしやすいが、今では学校や幼稚園も、生徒・学生、また園児やその親を「お客様扱い」して仕事に励まなければならない。

病院でも、患者やその家族を「お客様扱い」して、仕事に励むことが求められる。行政の窓口も、必要以上に丁寧な物腰で市民を「お客様扱い」するようになり、職員は横暴な市民に対しても感情を抑えて労働に徹している。

鉄道の乗務員や駅員も、利用客に異常に気を遣っていることが車内放送や構内放送でわかり、なおかつ利用客の理不尽な態度にキレることなく労働に徹している。

こうして、あらゆる労働者が過剰・感情労働を強いられる時代になってしまった。

ネット社会によって、ますます感情労働を強いられる

第3章で詳しくみていくが、コンビニ、病院、学校、幼稚園・保育園、行政や金融機関の窓口、鉄道の駅など、あらゆる労働の場で理不尽なクレームが目立つようになっている。

こうした風潮は、ネット社会になって酷くなってきたように思われる。

ネット上では、匿名性が保たれるため攻撃衝動が剝き出しになりやすい。対面の場では、ちょっとムカッとすることがあっても、

「このくらいのことでいちいち文句を言うのはかっこ悪い」

「こんなことでムキになるのはみっともない」

といった抑制が働く。だが、そうした抑制が働かない。

さらには、相手の反応がみえないことも、ネット上で攻撃衝動が剝き出しになりやすい理由といえる。対面の場合と違って、相手の困った様子や傷ついた様子がみえないので、相手のことを配慮せずに、つい攻撃的な発信をしてしまいやすい。

そこで、店員の態度にイラッと来ると店の悪口を書き込んだり、病院の窓口対応が不愉快だと病院の悪口を書き込んだり、行政の窓口の対応に不満だとその部署の悪口を書き込んだりして、ネット上では相手のことを配慮することなく平気で攻撃衝動を発散する。

ネット炎上というのがときどきあるが、じつはネット炎上にかかわっているのは、ごく特殊な少数の人物に過ぎないということが多い。

タレントの平子理沙のブログが炎上した事件があった。無数の書き込みがあったにもかかわらず、IPアドレスを調べたところ、実際に加担していたのはわずか6人だけだったことがわかったという。毎回名前を変えて、あたかもたくさんの人が批判しているようにみせかけたようである。

ジャーナリストの上杉隆のブログが炎上したときも、3日くらいで700以上のコメントがあったのだが、IPアドレスを調べたところ、コメントしていたのはたったの4人だったという。

このようなの事例をみてもわかるように、ネット炎上のように大量の書き込みがあった場合でさえ、実際にクレームをつけているのは、ほんの数人だったりする。

ましてや普通のクレームの書き込みなどは、非常に特殊な感受性をもつ人物の書き込みだったり、欲求不満の人物がちょっとしたことで攻撃的になっただけだったりすることが多い。それでも、そうした特殊な少数の声がネット上に拡散し、影響力をもってしまう（榎本博明『他人を引きずりおろすのに必死な人』SB新書）。

そんな時代ゆえに、店も、病院も、学校も、幼稚園や保育園も、行政も、金融機関も、鉄道会社やバス会社も、思いがけないクレーム（特殊な感受性によるクレーム、理不尽なクレーム）に振り回される。

人を相手にするあらゆる業種がネット上などでのクレームを恐れ、そのため、そこで働く人たちはますます過剰な「お客様扱い」を求められ、感情労働を強いられているのである。

苦情処理が事業の成否を左右するというのだが……

企業が苦情処理に神経を使い、従業員が、苦情をいってくる人間に対する感情労働に精を出さなければならないのは、苦情にうまく対処できれば、顧客の信頼を得ることができるからなのだろう。

苦情対応に関する研究においては、リカバリー・パラドクスが注目されている。これは、商品なりサービスなりに対して不満をもった顧客が苦情を申し立て、苦情が適切に対処された場合、その顧客のロイヤルティ（忠誠心）は、とくに不満をもたなかった顧客のロイヤルティよりも高くなるという矛盾のことである。

つまり、苦情にうまく対処すれば、不満も苦情もない顧客よりも、こちらの商品やサービスに思い入れのある好意的な顧客が手に入るというのである。

このパラドクスの存在は、多くの研究によって証明されている。

たとえば、苦情に対する迅速な対応や金銭的な補償が苦情対応満足度を高め、再購買意向を高めることが示されている。

苦情に対して満足のいく対応がなされた場合、一般につぎのような効果が見込める（大沼八重子「苦情対応を通じた顧客維持戦略」共済総研レポート　2011年10月）。

①　本人のロイヤルティを強化する。つまり、そのブランドなり企業なりに対する顧客の好意的な思い入れが、より一層強まる
②　本人の再購買意欲を高める
③　よい評判（口コミ）が広がる

苦情に対して迅速かつ適切な対処ができれば、顧客の信頼や思い入れがさらに強まり、取引の増加や再購買につながり、よい評判が口コミで広がる。そうであれば、苦情が来るのを嫌がるよりも、苦情が来るのをひとつのチャンスととらえて、適切な対処を素早くすることが大事だということになる。

以下、大沼が紹介しているコンサルタントのJ・グッドマンの調査と政治経済学者A・O・ハーシュマンの見解についてみていきたい。

アメリカで30年以上にわたって苦情処理など顧客サービスに関する調査を行ってきたグッドマンは、苦情対応の巧拙が、その後の購買行動に強い影響を与えることを示している。

グッドマンは、ある企業の商品に何らかの不満をもった顧客が1万人いるとしたら、苦情を申し立てるのはそのうちの半数のみで、残りの半数に相当する5000人は、不満を口にすることはないという。

さらに、苦情を申し立てた5000人のうち、

「A＝問題が解決し、対応にも満足した人」
「B＝問題が解決しただけの人」
「C＝問題は解決せず、対応にも満足できなかった人」

の割合は、概ね4対3対3になるという。

そして注目すべきは、この3つのケースで、その商品を再購入しないという人の比率が大きく異なることである。

「A＝問題が解決し、対応にも満足した人」では、再購入しないという人は10パーセントしかいない（200人）。それに対して、「C＝問題は解決せず、対応にも満足できなかった人」では60パーセントもの人（900人）が再購入しないというのである。10パーセント対60パーセントというと、なんと6倍もの開きがある。

これはまさに苦情対応の重要性を如実に示すデータといえる。商品に不満をもっても、

クレーム対応に満足できればほとんどの人は再購入するのだが、商品に不満でクレーム対応にも不満だと再購入する気持ちが失せてしまうというのである。

また、苦情行動に関する研究の基礎をつくったハーシュマンは、顧客が苦情を申し立てるのは、不満を感じたからだけではなく、商品やサービスの改善を期待するからだという。不満を感じた客のすべてが苦情をいうわけではなく、その商品はもう買わないと決めたのにまた買い続けてしまうロイヤルティの高い客（その企業や商品への思い入れのある客）が苦情を申し立てる。なぜなら、高いロイヤルティをもつ人にとって、その商品の購入をやめるより、苦情をいう方が、最終的には満足のいく商品・サービスが得られると期待できるからだというのである。

そうなると、苦情をいってくる客こそ大切にしなければいけないということになる。

こうした見解が広まることで、どの企業も苦情処理を重視するようになった。苦情処理が事業の成否を左右するとまで考えられるようになったのである。

だが、ネットの時代になって、クレーマーという言葉も出てきたように、苦情をいってくる客の性質はずいぶん違ってきたのではないだろうか。

その商品なり企業なりに思い入れがあるからというよりも、むしろ日頃の鬱憤晴らしのために、だれかに落ち度はないか、どこかの企業に落ち度はないかと虎視眈々と獲物を狙っており、不具合な商品、ケチをつけることのできそうな商品や店員の態度をみつけるや、ネット上に苦情を書き込み、悪評を拡散させることで欲求不満を解消し、自己効力感を得ようとする。

そのような人が増えたように思う。

その証拠に、企業に直接問題を指摘するのではなく、いきなり、だれもがみることのできるネット上に書き込んだりするのである。そうなると、苦情を申し立てる人が必ずしもその会社や製品・サービスに対して好意的な人であるとみなすことはできない。

本来の仕事より苦情処理に気を遣う時代

「顧客満足度」という姿勢の暴走により、客からの苦情に翻弄される時代になった。

必要以上に「お客様扱い」するため、客は自分がちょっとでも不満をもったら、相手側の立場や事情など考慮せずに、即クレームをつけるべき、クレームをつけたら相手はひれ伏すべき、といった感覚をもつようになってしまった。

ゆえに、見当違いなクレームや自分勝手にわがままをいっているだけのクレームも目立つ。

だが、明らかに理不尽な苦情であっても、うっかりはねつけると、ネット上に誹謗中傷を書き込まれかねない。それが大げさな書き込みであっても、悪評がネット上で広まると、それをみる人たちは実情を知らないために、客足が遠のいて売り上げが減るというような被害を実際に被ってしまう。

そのため、苦情対応に気を遣いすぎて、本来の仕事が疎《おろそ》かになるといった事態さえ生じている。

生徒の保護者からの苦情対応に時間を取られ、教材研究の時間がほとんどないという学校の教員も珍しくない。患者やその家族の苦情処理に追われ、親身になって患者の世話をする時間的余裕も気持ちの余裕もないという看護師もいる。

クレーム対応にエネルギーを吸い取られ、本来の業務に集中できないという声が、そこら中から聞こえてくるようになった。

苦情対応のストレスについての研究では、いいがかりのようなクレームに内心うんざりしていても、肯定的な感情を表出しなければならないことがストレス感を高めることもわかっている。それはかなりの無理をしなければならないからである。

人員削減が私たちの心をさらに追い込む

コスト圧縮のための人員削減が、長時間労働の蔓延を招き、労働者を苦しめている。残業時間を規制すると、残業がなくなるかといえば、そうはならない。規制時間を超える分は表に出ないような形で残業をするようになる。いわゆるサービス残業だ。規制すればするほどサービス残業が増える。

なぜ、そんなことになるのかといえば、片付かない仕事を放り出して帰れないからであり、仕事が予定通り仕上がらずに顧客を困らせるようなことはできないからである。

「自己中心の文化」であれば、いくら人員不足で仕事が回らなくても、

「自分の仕事はやった」

「それは私の仕事じゃない」

「もう私の勤務時間は終わった」

ということで、やりかけの仕事を途中で放り出して帰宅できるし、目の前の顧客を無視して仕事を切り上げることもできる。

それによって取引相手が困るようなことになっても、顧客から文句が出ても、それは人

員不足の状態をつくっている組織の問題であって、従業員個人には関係ない。

だが、そのような「自己中心の文化」の住人と違って、「間柄の文化」の住人である私たちは、自分の役割を限定できない。自分が給料と引き替えに引き受けている仕事はこれだけだというように、自分の仕事の範囲を明確に仕切り、開き直ることができない。それによって仕事が際限なく増えていく――。

たとえば、勤務時間を過ぎても、新たな客が店内に入るのは遮断できたとして、すでに店内で待っている客を追い返すことはしにくい。そうした客の対応をしていると、決められた勤務時間を大幅に超えてしまう。

さらに、「自己中心の文化」では、「個の責任」で動くが、「間柄の文化」では「場の責任」で動くということがある（榎本博明『「すみません」の国』日経プレミアシリーズ）。

自分に与えられている仕事以外は給料が出ていないのだから、やる必要がないというのが「自己中心の文化」の住人の考え方だろう。しかし、「間柄の文化」の住人は、自分に与えられた分が終わったからといって、まだ終わらない先輩や同僚がいるのにブラブラ休んだりはしにくいし、時間が来たからと帰りにくく、手伝って一緒に残ったりということになりやすい。

「個の責任」の発想からすれば、自分の責任は果たしたのだから堂々とくつろいだり帰宅したりできそうなものだが、「場の責任」の発想からすると、「みんなが終わる」ことが大事なので、終わっていない人がいるなら、その人の手伝いをしなければならないようなプレッシャーがかかる。

「場の責任」の発想では、みんながカバーし合いながら責任を共有し合う。ゆえに、個人の役割分担という仕切りが明確になっていない。客にとっては非常に都合がよいのだが、労働者にとっては負担になる。

なぜサービス残業をそこまでするのかと尋ねると、

「規則を守っていたら仕事が回っていかないんですよ」

「上司も先輩もサービス残業を必死にやってるのに、自分だけやらないわけにはいきません」

などといった答が返ってくる。

こうして日本人は、人員削減の影響を、組織でなく個人が被りやすくなるのである。

人間味が失われていく職場

感情を押し殺してロボットのように効率だけを考えて働かされたり、顧客満足度のためにどんな理不尽な客の態度も我慢して働かされたりするために、多くの労働者は疲弊し、我慢の限界に達している。

２０１６年１月、ＪＲ綾瀬駅でホームから人が転落し、駅の約３００メートル手前で電車が緊急停止した。その約15分後、停車していた車内から40代の男性会社員が電車の窓を開けて線路に降り、綾瀬駅に向かって歩き出すという出来事があった。

なぜ線路に降りたのか。

駅員に保護された男性は、「会社で大事な会議があり、遅れられなかった」と説明したという。

ネット上では、

「まさに社畜」

「この人は奴隷か？」

「日本社会の狂気を凝縮したような話だ」

などといったコメントが寄せられた（「仕事で私が壊れる　人生を搾取する『全人格労働』」Ｙａｈｏｏ！ニュース編集部・ＡＥＲＡ編集部　２０１６年４月26日配信より）。

ITの発達により、労働者は24時間監視されるような状況になってきている。社外に営業に出ていても、たえずネットを通してチェックされる。終業時間後でも、休日でも、携帯電話に顧客から連絡が入る。そんなときも、CS重視などといわれ、顧客対応が求められる。無視しようものなら、クレームが入り、上司から怒られる。相手が悪いと、ネット上に悪評をばらまかれる。

そんな社会になってしまった。

総活躍社会というトリック

一億総活躍社会などといったキャッチフレーズが聞こえてくる。この「活躍」というのがじつに曲者《くせもの》だ。

過大な要求を突きつけられて、搾取されるような働き方を強いられているのに、あたかも「自分のため」に働いているかのような錯覚を与える。

お客様を笑顔にしてさしあげよう、それがこの仕事のやりがいだ。どんなにきつくても、給料が悪くても、お客様の笑顔が報酬だ。保育園の仕事は、子どもの無邪気な笑顔に触れられるからやりがいがある。どんなにきつくても、給料が悪くても、子どもの無邪気な笑顔が報酬だ、などと思い込まされる。

仕事のやりがいを追求しよう、仕事で自己実現しようなどと刺激する。

このように、内発的動機づけ、内的報酬といった心理学の概念を経営側が悪用しているとしか思えないケースが目立つ。

そのせいで、どんなに苦しくても、

「自分の成長のため」

「自分がまだまだダメなんだ」

などと思い込み、つらい気持ちを麻痺させて働くしかない。

それが過労死、過労自殺にもつながっている。

実際、ワタミの過労死を取材した東京新聞記者の中澤誠は、つぎのように述べている。

「取材してみると、確かに長時間労働になっているし、賃金もそんなに高くはない。ただ、その中で夢――例えば独立や人間的な成長、そういう『やりがい』を利用し、それを使って職場の至らない部分を補っている。それをエンジンにして社員を働かせていると強く感じました」（「過重労働職場の現実（リアル）」日本人材マネジメント協会

事務局編集・発行『ジェイ・シャーム・インサイト』第87号　所収）

そのような思い込みが浸透しているためだろうか、過酷な長時間労働という今の働き方に疑問をもっていない社員もいたという。

ファストフードのチェーン店でも、店長という立場を与えられて過酷な労働を強いられている現実が問題になったが、従業員の酷使があまりにひどいと私に嘆く、そのチェーン店の従業員もいた。

心理学者として内発的動機づけの効用を説くこともある者として、その考え方を悪用して、従業員を酷使する事例が多いことに戸惑いを覚えざるを得ない。

だが、そのような風潮を後押ししているのが、政府が主導する「総活躍社会」とか「女性が輝く」というような、自己愛を刺激することでひたすら働くロボットのような人間を生み出そうという戦略である。

そうした風潮のなか、多くの人は長時間労働を強いられ、感情を殺してロボットのように働くことになる。

今や、接客業でなくても、だれもが感情を押し殺して働くことを強いられている。

ましてや接客業をはじめとする人間を相手にする仕事では、感情労働の度合いが過酷なほど高くなっている。

つぎの章では、その実態とその背後にある心理メカニズムについてみていくことにしたい。

第3章　「お客様は神様」という発想が働く現場を過酷にする

心の不調を抱える人たち

心の病を抱える人が増えている。

全国の従業員10人以上の民間事業所1万4000ヶ所を対象に、独立行政法人の労働政策研究・研修機構が行った「職場におけるメンタルヘルス対策に関する調査」(2012年)は、メンタルヘルスに問題を抱えている正社員がいるとする事業所が56・7パーセントと過半数に達することを明らかにしている。

そして、過去1年間にメンタルヘルス上の理由により連続1ヶ月以上休職、もしくは退職した正社員がいるとする事業所は23・5パーセントであった。

心の不調を抱える労働者がいかに多いかがわかる。

厚生労働省の「平成24年労働者健康状況調査」によれば、現在の仕事や職業生活に関することで強い不安、悩み、ストレスとなっていると感じる事柄があるという労働者は60・9パーセントとなっており、5年前の前回調査の58・0パーセントを上回った。男女別にみても、ともに6割を超えていた。

強い不安、悩み、ストレスを感じる事柄の内容（3つ以内の複数回答）をみると、「職場の人間関係の問題」がもっとも多く41・3パーセントとなっており、それについで「仕事の質の問題」（33・1パーセント）、「仕事の量の問題」（30・3パーセント）が多く、この3つが突出していた。

職場の人間関係と過労がストレスの2大要因となっているということを裏づけるデータといえる。

厚生労働省の「平成26年患者調査」によれば、うつ病などの気分障害で医療機関にかかっている患者数は111万6000人となり、調査開始以来の最多となった。

この数字は、前回の平成23年の95万8000人を16パーセント上回っており、この調査に気分障害が採用された平成8年の43万3000人と比べて2・6倍となっている。

メンタルヘルスについての啓発が盛んに行われるようになったため、自分のなかに異変を感じて受診する人が多くなっているといった事情もあるだろうが、この増え方をみると心の不調を感じている人が急激に増えていることは否定できない。

この調査データにあらわれているのは、医療機関に出かけて受診した人たちである。自身の心の不調を感じても、医療機関にかかるのはごく一部で、心の不調を抱えたまま医療機関に相談せずに過ごしている人の方が、現実には圧倒的に多いはずだ。となると、実際に心の不調を抱えている人は、ここにあらわれている数字より、はるかに多いと考えられる。

独立行政法人の労働政策研究・研修機構が2014年に実施した「第2回日本人の就業実態に関する総合調査」によれば、過去3年間に、落ち込んだり、やる気が起きないなどの精神的な不調(メンタルヘルスの不調)を感じたことが「ある」という人は25・7パーセントと4人に1人の割合となった。

このようなメンタルヘルスの不調を感じている人のうち、76・5パーセントは「通院治療なしでも、日常生活を送れる状態」だというが、「通院治療しながらなら、日常生活を送れる状態」という人が16・2パーセント、「通院治療しながらでも、日常生活を送るのが困難な状態」という人が3・3パーセントとなっている。

つまり、約4分の3は通院治療なしで日常生活を過ごせているが、2割の人は通院治療が欠かせない状態になっている。

心の不調は、当然ながら仕事生活に影響する。メンタルヘルスの不調を感じている人の仕事生活がどうなっているかについては、「休職も通院もせずに働いている」という人が72・0パーセント、「休職せずに、通院治療しながら働いている」という人が8・3パーセントとなっており、8割の人たちは、このような不調を抱えながらも何とか休職せずに働いていることがわかった。

一方、「休職せず退職した」という人が8・6パーセント、「休職を経て退職した」という人が3・2パーセント、「休職を経て復職後、退職した」という人が1・5パーセントとなっており、メンタルヘルスの不調により退職した人が13・3パーセントと1割を超えていることがわかった。

高まりをみせる労働問題が絡む自殺比率

メンタルヘルスの不調には、過労が関係しているというのは、だれもが思うところであろう。

前述の「職場におけるメンタルヘルス対策に関する調査」によれば、仕事量が「増えた」事業所および「やや増えた」事業所では、メンタルヘルスに問題を抱えている正社員がいるのは、それぞれ71・2パーセントおよび61・2パーセントであった。

それに対して、仕事量が「減った」事業所および「やや減った」事業所では、メンタルヘルスに問題を抱えている正社員がいるのは、それぞれ46・9パーセントおよび59・6パーセントとなっている。

これをみると、仕事量の増加がメンタルヘルスの問題に関係しているのは明らかであり、過労がメンタルヘルスの不調を招くことは明白である。

本書の冒頭で、過労による自殺の事例を紹介したが、実際に過労死はどのくらいあるのだろうか。

厚生労働省の「平成28年版過労死等防止対策白書」によれば、「自殺者総数」も「勤務問題を原因・動機の1つとする自殺者数」も、ここ4年ほどは減少傾向にある。ただし、注目すべきは、「自殺者総数」に占める「勤務問題を原因の1つとする自殺者数」の割合である。

その割合は、10年ほど前までは5・5パーセント前後だったのに対して、ここ5年ほどは9パーセント近くと1・5倍以上になっているのである。

勤務問題が絡む自殺の比率が高くなっているというのは、過労死の増加を直接的に意味するものではないが、労働者を取り巻く仕事環境が過酷なものになっていることを示唆するデータといってよいだろう。

同調査では、過労死による労災請求件数に関するデータもまとめられている。まず業務による過重な負荷により「脳・心臓疾患」を発症したとする労災請求権数をみると、過去10年あまりの間、７００件台後半から９００件台前半の間で推移しており、増えても減ってもいない。

それに対して、業務における強い心理的負荷による「精神障害」を発病したとする労災請求件数は、この15年ほど年々増加傾向にあり、平成27年度は１５１５件で、平成11年度の１５５件のほぼ10倍にもなっている。

過重な仕事の負荷と「お客様扱い」の関係

うつなどの心の不調を抱える労働者の増加や、過労死などの原因となる過重な仕事の負荷は、「お客様扱い」とは、とくに関係ないと思われるかもしれない。だが、そこには深い関係が想定される。

もし「お客様扱い」のない社会であれば、納期を早めろといわれても、別の仕事が詰まっていて無理な場合は、

「別の仕事が詰まっているので、それはできません」

と即座に断ることができる。人手不足で要求をのめないという場合も、

「人手が不足しているので、それは無理です」

と即座に断ることができる。

しかし、今の日本のように過剰な「お客様扱い」を要求される状況だと、どう考えても無理な場合でも、即座に「無理です」と断ることができない雰囲気がある。

そうした時代の空気によって増長した客たちは、平気で無理な要求を突きつけるため、労働者は追い込まれるのだ。多くの労働者は、どうにも無理な要求でも、即座に断ることができず、無理を何とか無理でないようにしなければと必死になって働く。それが過重な仕事の負荷となって、過労死をはじめとする、健康上の深刻な問題を生じることにつながっていると考えてよいだろう。

厚生労働省が2011年に発表した中央労働災害防止協会による「小売業におけるストレス対処への支援」によれば、百貨店、総合スーパー、各種食料品小売業、ホームセンターなど、231企業を対象とした調査の結果、年間の休業日が月に1日程度未満しかない店舗が85パーセントと圧倒的多数を占めていることがわかった。

シフトを組みながら何とか店を開けているのだろうが、このような休業の少なさは、とくに日本の特徴といえるだろう。

多くの国では、客だけでなく従業員も権利を主張するため、休業日は多く、日曜は従業員だって休みたいので店も休みということも少なくない。

また、同じく「小売業におけるストレス対処への支援」には、販売職と一般の労働者のストレス状態を比較した調査結果が示されている。

販売職では、一般の労働者よりも男女とも量的負担および身体的負担が高ストレス状態を示す割合が高かった。

それによれば、「仕事が時間内に処理しきれない」「一生懸命働かなければならない」といった状況がある場合に量的負担が大きくなる。「体を良く使う仕事だ」と感じている場合に、身体的負担が大きくなる。そして、お客とのやり取りがある販売職でとくにストレスが高くなっている。

ここからも、過剰な「お客様扱い」が労働者を苦しめていることがうかがわれる。

増長するお客様意識

最近、図書館で本を借りたり、返したりするときに、「ありがとうございます」といわれるようになったことへの違和感については、すでに本書の冒頭で指摘した。

こちらが無料の貸し出しサービスを受けるわけだから、「ありがとう」とお礼をいうのはこちらのはずだ。図書を貸し出す側は、貸し出すことで儲けているわけではなく、借りに来る市民はべつに儲けさせてくれる客というわけではない。そんなふうに「お客様扱い」などする必要はないだろうにと思う。

病院で「○○様」と呼ばれるようになってきたのも、どうも違和感がある。これまでのように「○○さん」で十分だし、その方が自然だ。そこまで「お客様扱い」されるのは気持ち悪いし、そこまでされると、まるで商売のカモにされているような気にもなる。

だが、このような「お客様扱い」が世の中に蔓延してきたせいで、しだいにそれが当然のような感じになり、「自分はお客様だぞ」と「お客様扱い」を要求する人たちが増えている。それがまた労働者を追い込むことになる。

子どもまでも「お客様扱い」するのをみると、これまた強い違和感を覚えざるを得ない。

本来、子どもというのは、大人にとっては教育やしつけの対象となる、まだ発達途上の未熟な存在のはずである。ゆえに、子どもに対しては、保護的・教育的な観点から、よい意味での「上から目線」でかかわるべきだろう。

それなのに、ファストフード店のカウンターなどで、ポテトを注文する子どもに対して店員が、

「ありがとうございます。ついでにドリンクなどいかがでしょうか」

などといっている。

「いいです」と断られると、

「大変失礼いたしました」

などと返す。そこには子どもに対する保護的・教育的な視点はまったくない。単に儲けのためのカモとしかみなしておらず、そのための形式的な「お客様扱い」があるだけだ。

私の子どもの頃なら、

「ガキがこんなところで買い食いしちゃダメだろう」

などと店員からたしなめられたものだったが、今どきそんな教育的な「上から目線」で子どもに接する店員などみかけない。

そんなことをいおうものなら、「とんでもない『上から目線』店員、何様のつもりだ」などとネット上で攻撃されるのではないだろうか。

こうして、子どもの頃から「お客様扱い」されてきた人たちは、商売のカモにされながらも、その自己愛は増殖し、「自分はお客様だぞ」という感じで「お客様扱い」を当然のこととして要求する感受性を身につけてしまう。「お客様扱い」してもらえないと不快になり、攻撃的になる。

四六時中、感情労働を強いられる対人援助職

一般の仕事でも、人とやり取りする際に「お客様扱い」するのを当然とみなされ、過剰・感情労働を強いられる時代である。

ましてや対人援助職の場合、もともと人のために「尽くすべき」仕事みたいなイメージでとらえられているため、感情労働の度合いが非常に高くなりがちになる。

対人援助の仕事の場では、ネガティブな感情はうっかり表出しないようにしっかり抑え込まないといけないし、気分が沈みがちなときでも、意志の力で自ら気分を盛り上げるように努力しなければならない。どんなにつらい心理状態であっても、職場では明るく笑顔

で仕事をするよう求められる。

それが対人援助職の典型的な感情労働といえる。

客というか、利用者や患者、生徒・学生やその親が理不尽な要求を突きつけてきても、それをはねつけるのが難しく、自分勝手なわがままとしかいえないような要求に翻弄され、ストレスを溜めていく。

飲食店なら食事や飲み物の提供、学校なら授業や部活を通した教育、病院なら病気の治療といった本来の業務があるのだが、これら対人援助職には利用者との人間関係がつきものであるため、四六時中、感情労働を強いられることになる。

人間関係にどっぷり浸かることになる対人援助職では、感情を喚起されがちであり、その感情をどう扱うかが問われる。ネガティブな感情が喚起されても、それはうっかり表に出さないようにうまく感情コントロールをしなければならない。

ゆえに、感情労働によるストレスにもっとも苦しめられているのは、対人援助職として働く人たちだといってよいだろう。

さらに、新自由主義的な市場化を教育の場にまで適用しようという動きが強まっている。予算削減や競争原理の導入といった政策により、人件費削減が至上命題となり、人手不足のためにますます過酷な労働環境になっており、感情労働をこなしていく心の余裕を失いつつある。

過酷な教育現場の状況とは

学校教員の仕事量が過酷なほど増えていることや、モンスターペアレントが話題になるほど保護者のクレーム対応に追われていることから、過労に追い込まれ、心を病む教員が多いことが推察される。

実際、文部科学省による「平成26年度公立学校教職員の人事行政状況調査について」によれば、平成26年度の「精神疾患」による病気休職者数は5045人となっており、平成19年度以降5000人前後に高止まりしている。

その背景に過酷な労働条件があることは、2013年に実施されたOECD（経済協力開発機構）による「国際教員指導環境調査」からも明らかである。

これは中学校の教員を対象としたものだが、日本の教員の1週間あたりの勤務時間は53・9時間と参加国中もっとも長く、参加国平均の38・3時間を大幅に上回っていた。参加国平均と比べて、日本の教員は、週16時間、1ヶ月に換算すると64時間も多く勤務しているのである。

教育現場の状況がこれほど過酷なことになっているのに、政府は、さらに教員数を減らして予算削減をすることを検討中だというニュースが伝わってくるのだから、現場の教員たちは絶望的な気持ちになっていることだろう。

文部科学省による「教職員のメンタルヘルス対策について(最終まとめ)」(平成25年)では、精神疾患による病気休職者数は5000人台と依然として高水準にあり、深刻な状況だとしているが、そうしたメンタルヘルスの不調の背景として、業務量の増加や教職員の業務の特徴をあげている。

業務量の増加としては、ちょっと古いデータだが、小中学校の教諭の勤務日の残業時間が1ヶ月あたり約42時間と非常に多いことがあげられている。昭和41年度の8時間と比べて5倍に増えている。

また、とくに負担感が大きい要因として、保護者とのかかわりが増えてきていることや、提出しなければならない報告書が多いことがあげられている。

教職員の業務の特徴として、属人的対応が多く、個人で抱え込みやすい性質がある。つまり、教員の仕事の多くは、クラス担任として、あるいは授業科目担当者として、個人で対応しなければならず、他の教員に代わってもらうことができないため、どんなに容量を超えても個人で抱え込まざるを得なくなってしまうのである。

そこへもってきて、日本の「間柄の文化」に特有の、人間関係を大切にする心理が、多忙な教員をさらに追い込むことになる。

いわば、ビジネスライクに生徒を切り捨てることができれば、与えられた勤務条件のなかでビジネスとして教師の役割を演じることもできるだろう。

しかし日本では、教員はどんなに時間がなくても、生徒や学生が相談に来たら親身になって相談に乗ってやらなければならない。「他の仕事をする時間だから」と切り捨てるわけにはいかない。勤務時間の後に相談に来た場合も、「勤務時間は終わったから」と切り捨てるわけにはいかない。

たとえば、日本の多くの大学では、アメリカのオフィスアワーの制度が取り入れられている。オフィスアワーを週2コマほど設定し、その時間は教員は必ず研究室にいて、訪ねてくる学生の相手をしないといけないというものである。

だが、もともとのアメリカの制度は、教員はオフィスアワーの時間だけ学生対応をするようにというものである。アメリカの大学教員は権威があり、権利も守られているため、オフィスアワーの予約をしない限り、学生は相談に行けないのである。

日本の大学教員の場合は、権威もないし権利も守られていないため、学生は予約なしにいつでも研究室を訪ねられる。オフィスアワーには必ず研究室にいて学生の対応をするように、オフィスアワー以外でもできるだけ研究室にいて学生の対応をするように、というのである。

わざわざオフィスアワーなどというものをアメリカの真似をして導入したところで、何も変わらない。


このように、教育の世界までサービス産業のように扱い、予算削減・人件費削減に走るのであれば、教員という仕事もひとつの職業として開き直って勤めることができないと身が持たない。

ところが日本では、先生というのは店の販売員のように、

「もう営業時間は終わりました」

とはいいにくいし、事業家のように、

「それは採算が合わないからしません」

ともいいにくい雰囲気がある。給料に見合った仕事の範囲を限定できない。

では、なぜ教員はビジネスライクにできないのか。そこに教員が過労に追い込まれる要因があるのではないか。

さらには、ちゃんと勉強をしないため、ひどい成績しか取れない生徒や学生を他の国々のように落第させることはなかなかできない。本人が勉強しないからいけないのだが、日本では「落とすのはかわいそうだ」などといわれるし、極力単位を与え、進級させないといけない。そのために、本来、教室でやるべき教科教育も個別指導的にしなければならなくなる。

このように通常の業務をこなすだけでも大変なのに、いじめ問題などでも神経をすり減らす。本来の仕事である授業の準備や生徒との交流に十分な時間を当てられない。そこへもってきて、生徒やその保護者を「お客様扱い」することによる感情労働を強いられるのだ。

教育現場にさえも「顧客満足」重視が……

ある中学校の教員は、生徒指導と保護者対応の困難について、つぎのような例をあげて説明した。

「ある生徒がふざけて物を投げて同級生にケガをさせたため、加害生徒をきつく叱った。叱らなければ、またふざけて似たようなことをする恐れがあるから、叱るのは当然のことだと今でも信じている」

だが、その加害生徒の保護者から学校にクレームが来た。きつく叱られて傷ついたというのだ。

翌日の放課後、その教員は校長室に呼ばれた。そこには校長と生徒指導の責任者と加害生徒の保護者がいた。自分が事情を説明し、校長たちがその保護者を説得してくれるのかと思ったら、とんでもなかった。保護者に対して謝罪させられたのだ。

何の理由もなしに、ただ衝動的に物を投げて同級生にケガをさせたのに、叱っちゃいけないとはどういうことか——。

「被害生徒の保護者が寛大で何も言ってこないのをいいことに、うるさいことを言ってくる加害生徒側の保護者を「お客様扱い」して謝罪させられるなんて、どうにも納得がいかない……」

と、思い出しながら憤っていた。

そのようなことが度々あるという。

これでは、まったく教育の放棄としかいえないのだが、そうした思いはすべて抑圧して、生徒やその保護者をひたすら「お客様扱い」しなければならない。

まじめに勉強をしない生徒が悪い成績を取ったとき、その保護者から「先生の教え方が悪い」というようなクレームが出ることもある。他の生徒たちはちゃんとできているわけだから、生徒本人の怠惰のせいなのは明らかなのに、「お客様扱い」が常態化しつつある学校では、毅然とした態度を取りにくい。

そんなことでは、まじめに勉強をしない生徒に厳しく教育することなどできない。大学では、授業料を払っているのだから、単位を出すべきだなどと主張する保護者もいるくらいである。

ある大学の教員は、授業中、何度注意しても私語をやめず、授業の妨げになるので強い口調で注意したところ、授業終了後にその学生が教務にクレームをつけたという。きつい言い方をされて傷ついたというのだ。その教員は、学生に謝罪するようにいわれ、納得のいかない気持ちを何とか抑えて、仕方なく謝罪せざるを得なかったという。

このような状況に置かれ、良識があり、教育的情熱や信念をもつ教員ほど、「お客様扱い」によって感情労働を強いられることのストレスを溜め込んでいる。

このところの教育の場でさえも、CS（顧客満足）を重視するようになどといった声を耳にすることがあり、教育も単なる金儲けの手段として行われているのかと驚かされるばかりである。


こうした動きによって、かつては生徒や学生のためにといった教育的情熱によって行われていた教員の仕事が、サービス産業の一環として、生徒・学生やその保護者をお客様として位置づけ、感情労働＝「顧客満足のための演技」として行われるようになる。

そこで感じる自己矛盾や虚しさによって、教員はいよいよストレスを溜め込むことになるのだ。

過酷な保育現場の状況

効率化やコスト削減の動きは、保育現場をも過酷な状況に追い込んでいる。

今の保育所は、母親の就労が増えたため、長時間保育に対応しなければならない。さらには、親の育児能力の低下もしばしば指摘されるところだが、子どもを育てる役割だけでなく、保護者を親として育てる役割も担わされている。親になりきれていないケースが少なくないからだ。

実際、1997年の児童福祉法改正では、「(家庭や地域の子育て機能の低下を踏まえて)保育所は、地域の住民に対し、その保育に関し情報提供を行うとともに、乳幼児等の保育に関する相談に応じ、助言を行うよう努めなければならない」と定められた。

さらに、2001年の改正では、「(そうした努力義務を踏まえて)保育所に勤務する保育士は、乳幼児に関する相談に応じ、助言を行うための知識及び技能の修得、維持及び向上に努めなければならない」とされたのである。

これは、子どもの健全育成を支えるだけでも大変なのに、子どもが好きで保育を専門に勉強してきた保育職員が、親を育てる役割まで担うことが公的に定められたわけであるから、じつは一大事であり、明らかに過重負担となっている。

保育園に対する近隣住民からのクレームが多いことも話題になっているが、マナーの悪い親たちが送り迎えのときに大声で喋るからうるさいといったクレームや、車や自転車の運転マナーが悪くて危ないといったクレームもあるようだ。そうなると、保育職員たちは、近隣住民への対応や保護者への対応に追われるようになる。

私が、大阪市幼児教育センターからの依頼で大阪市の201の幼稚園を対象に実施した調査（「家庭（親）の教育力向上についての研究（Ⅱ）―幼児教育に関する調査結果―」）では、幼稚園教諭に預かっている子どもたちの親について気になることを尋ねた項目があった。

親をみていて、気になることとして多くの幼稚園教諭があげたのは、

「過度に世話を焼く親が目立つ」（65パーセント）
「とにかく甘やかす親が目立つ」（57パーセント）
「口うるさい親が目立つ」（49パーセント）
「べったりしすぎる親が目立つ」（42パーセント）

などであった。

ここからわかるのは、過保護・過干渉で、子どもを甘やかす親が、気になるくらいに多いということである。

母親同士の関係については、

「おしゃべりに夢中の親が目立つ」（73パーセント）
「群れたがる親が目立つ」（61パーセント）
「親同士のつき合いで子どもがほったらかし」（56パーセント）

など、親としての自覚のなさや未熟さを指摘する傾向がみられた。さらに、
「子どもをしつけるという自覚のない親が目立つ」（47パーセント）
という幼稚園教諭も半数近くに達していた。
親と教諭・園との関係については、
「要求や注文が多い親が目立つ」（48パーセント）
「すぐ文句を言う親が目立つ」（43パーセント）
など、自分勝手な親が多いとみなす傾向がみられた。

このような保護者たちの相談役も担わなければならないのである。

実際、私が家庭教育カウンセラーとして幼稚園を回っているとき、園長先生たちは、園児の対応よりも親の対応の方が大変だとこぼしていた。

親の自覚がない親がどんどん増えており、参観日など、親の私語がひどくて困るとのことだった。

そのような親に育てられた子どもたちが、きちんとしつけられているとは考えにくい。

子どもにも自分にも甘く、きちんとしつけない親が増えているので、先生のいうことを聞

かずに、騒いだり暴れたりする子が多いということもよく耳にする。しつけの甘さのせいか、身辺自立ができていないため、とても手の掛かる子もいたりして、ほんとうに大変だという。

さらに保育職員を過重労働に追い込むのは、保育を単なる労働と割り切りにくい雰囲気である。商品を販売したりする労働と違って、子どものためなら時間や労力で犠牲を払っても心を尽くすべきだといった感覚が、多くの人々の心のなかにあるからなのだろう。たとえば、子どもの楽しそうな笑顔をみていられるのだから、多少の犠牲を払っても、それで十分報われているはず、だから労働者の権利の主張などせずに子どものために尽くすべきだ、といった感覚を保育職員が強いられる雰囲気もある。

このように保育現場は過重な負担を負わざるを得ない現状があるのに、経費削減のために、正規職員を減らしてパート職員を増やす状況になっている。

保育者のストレスに関する調査では、正規職員の方が非正規職員より精神的疲労度が高いことが示されているが、正規職員は責任を持たなければならない立場ゆえに過重労働に追い込まれがちである。

経費削減の動きのなかで、保育現場はますます過酷な労働の場になってきている。

思いがけない苦情が、保育者をさらに苦しめる

子どもの声がうるさいという苦情が、近隣住民から来るようになったと話題になっている。

NHKの「おはよう日本」（2014年10月9日放送）でも「クローズアップ現代」（2014年10月29日放送）でもこの問題が取り上げられ、「特報首都圏」（2015年11月6日放送）では、私もこのような現象についてのコメンテーターを務めたが、かなり深刻な問題となっている。

2014年9月に東京都が発表した調査結果によれば、都内のおよそ7割の市区町村で、保育園などに子どもの声に対する苦情が寄せられているという。

今の時代の空気からして、たとえ理不尽だと感じても、いいがかりとしか思えなくても、頭を下げて丁寧に応対するしかない。そのほとんどのケースでは、保育者に落ち度があるわけではないのに、謝らなければならない。これはまさに感情労働というべきだろう。

子どもの声がうるさいという近隣住民からの苦情への対応として、子どもたちの外遊びを制限する保育園も出てきている。夕方以降は子どもを園庭に出さないという保育園だけでなく、日中も園庭に出さない保育園まであるという。

このように、子どもに対して不寛容な社会は問題だとも思うのだが、先の保育園や幼稚園関係者の声を思い出すと、もしかしたら今どきの子どもたちのうるささは、昔の幼稚園や保育園しか知らない人たちの想像を超えるものがあるのかもしれない……。

いずれにしても、そうした近隣住民の苦情も気にしながら子どもたちの相手をする保育現場の労働者のストレスは相当なものだろう。

そこへもってきて、保護者からも思いがけない苦情を突きつけられたりする。子どもが喧嘩をしたとか、ちょっとしたケガをしただけで、怒鳴り込んでくる保護者もいる。

一人一人に、ずっとついているだけの人手などないので、あまりに細かな苦情が来ると、

「いい加減にしてほしい」

と逆ギレしたい気持ちにもなるが、そこを堪えなければならない。わがままな保護者もいて、迎えの時間が過ぎても迎えに来ず、それを悪いとも思っていない態度で、

「ちょっとくらいいいでしょ」

と開き直ったりする。保育者にも私生活があるわけだし、実際に困るのだが、腹が立つ

のを抑えて穏やかに対応せざるを得ない。

保育学の兼間《かねま》和美が保育士230名を対象に実施した調査によれば、ストレス要因として「保護者対応や保護者ニーズの対応の困難」をあげた者が、30代で82パーセント、40代で90パーセント、50代以上で84パーセントであり、最大の要因となっている。20代では、「労働条件」をあげる者が78パーセントともっとも多くなっているが、「保護者対応や保護者ニーズの対応の困難」をあげた者も61パーセントと6割を超えている（兼間和美「保育教諭に求められる感情労働の必要性と多様性について――保育士インタビュー及びアンケート調査を基に」四国大学紀要　A44　2015年）。

もちろん、保育者がそもそも相手にするおもな対象は、保護者ではなく子どもたちである。ゆえに、保育者は子どもたちに対して常日頃から感情労働をしていかなければならない。

発達心理学の神谷哲司らが公立保育園33園の保育士を対象に行った調査では、「ほんとうは違うのに、子どもの前で明るくふるまうこと」「疲れていることを隠して子どもにかかわること」「ほんとうは違うのに、親の前で明るくふるまうこと」「イライラしているのを隠して子どもにかかわること」などの比率が高くなっていた。

　これにより、親ばかりでなく子どもに対しても、というよりも、とくに子どもに対して感情労働を行っていることが確認された（諏訪きぬ監修『保育における感情労働――保育者の専門性を考える視点として』北大路書房）。

　こうなると、保育者の感情労働としては、子どもや保護者に対する肯定的感情の表出や、子どもや保護者に対する否定的感情の抑制が求められることになる。

　自分勝手な子どもに腹が立っても、そうした否定的感情は抑制して、温かい気持ちをもって対応することが求められるのは当然のこととしても、同様の感情労働が保護者に対しても求められるようになったのである。

医療事務従事者ほど理不尽な対応を迫られる医療現場

「職場におけるメンタルヘルス対策に関する調査」（前出、100頁）では、農・漁業を除く全国の従業員10人以上の民間事業所1万4000ヶ所を対象としている。

　それによれば、産業別にみると、もっともメンタルヘルス不調者のいる事業所の割合が高いのが「医療・福祉」業界であり、76・6パーセントの事業所が「いる」と答えている。

大きな病院はどこもたいてい混んでいるため、いつまでも待たされている患者が、受付の事務職員にイライラをぶつけることも珍しくない。だが、患者が待たされるのは患者が多いからであって、医者がさぼっているわけでもないし、ましてや受付が悪いわけでもない。でも、患者がクレームをつけてきたら、とりあえず受付は「すみません」と謝るしかない。自分は何も悪くないのに――。

診察が終わってからのクレームもある。「医者がちゃんと話を聞いてくれない」といった不満や「なんで検査ばかりさせるの！」といった文句を受付の事務職員にぶつけてくる。そういう内容なら医者に文句をいうべきなのに、医者にはいえずに病院での弱者である受付にきつく当たる。そんなときも、受付は「すみません」と謝るしかない。そんなことをいわれても、自分にはどうする権限もないのに――。

「検査技師の態度が悪い」「看護師が怖い」といったクレームを受付にぶつける患者もいる。受付の事務職員には、検査技師や看護師を注意する権限などないし、自分の態度が悪いわけでもないのに、「すみません」と頭を下げるしかない。

このように、病院の受付業務を担当する医療事務従事者は、理不尽な形で感情労働を常日頃から強いられている。

社会心理学の井川純一らが６００の精神科病院を対象に実施したバーンアウトに関する調査によれば、医療事務従事者、精神保健福祉士、看護師がバーンアウト度が高く、医師、作業療法士、薬剤師がバーンアウト度が低かった（井川純一・中西大輔・志和資朗「バーンアウト傾向の職種比較――仕事への情熱に着目して」心理学研究　第84巻第4号　２０１３年）。

自律性がバーンアウトと関係しているとする研究報告もあるが、医師、作業療法士や薬剤師などは仕事のペースを比較的自分自身でコントロールしやすいので、バーンアウト度が低いのだろう。

それに対して、上述のように医療事務従事者の場合は、自分の裁量権が乏しく、精神保健福祉士や看護師も、医師の指示に従わなければならない上に、仕事のペースを自分で調整するのが難しいため、バーンアウト度が高いのだろう。

さらには、医療事務従事者や看護師の仕事には、感情労働的な要素も強いから、バーンアウトに陥りやすいといえる。

病院では、文句のある患者やその家族の暴言だけでなく、暴力も目立つようになり、院内暴言や院内暴力の実態把握のための調査も行われている。

2011年、私立大学病院医療安全推進連絡会議が都内の私立大学附属病院に勤務する全職員2万9065人を対象に実施した院内暴力に関する調査によれば、「暴言を受けたことがある」という職員が、じつに41・5パーセントとなり、職員の4割以上が暴言を受けた経験をしている実態が明らかになった。

どのような暴言を受けたかというと、「バカ、アホ、ふざけるな、誠意を見せろ、土下座しろ等の罵倒する言葉を言われた」(25・9パーセント)と「苛立つ態度を取られた」(25・6パーセント)がとくに多く、この2つで5割以上を占める。その他、

「鋭い目つきでにらまれた」(18・2パーセント)
「威嚇された」(16・8パーセント)
「脅迫された」(6・1パーセント)
「嫌がらせを受けた」(3・4パーセント)
「金銭を要求された」(0・6パーセント)

などとなっている。

暴言を受けた職員が4割以上もいるというのも驚きだが、「暴力を受けたことがある」という職員も14・8パーセントもいるのである。

対象となった３万人弱という人数にこの比率を当てはめると、４０００人以上が暴力を受けていることになる。全国の病院の全職員に換算したら、ものすごい数の職員が患者やその関係者から暴力を受けていることになる。暴力の内容をみると、

「叩かれた」（18・３パーセント）
「蹴られた」（14・２パーセント）
「つねられた」（13・２パーセント）
「殴られた」（11・８パーセント）
「物を投げつけられた」（９・０パーセント）

などとなっている。

病院の職員が、横暴な患者やその家族に対して、いかに感情を押し殺して働くという意味での感情労働を強いられているかがわかるだろう。

看護師に求められる特有の働き方

看護師は、個人的に悩みがあったり、悲しいことがあったりしても、患者に対していつも笑顔で明るく接しなければならない。一般的な感情労働だけでなく、看護職特有の感情

労働を求められている。

たとえば、入院が長引いてイライラしている患者からきつく当たられることもあるだろうし、どんなに忙しくても個々の患者の不安や苦痛に寄り添った応対をする必要がある。患者の不安を取り除き、安心させることが治癒力・免疫力の向上につながるため、常に穏やかな雰囲気で接することが求められている。

患者に不安を与えないために、ひどいケガをみても、深刻な病状を知っても、動揺をみせてはならない。病気の患者がわがままをぶつけてきて、腹が立つこともあるだろうが、怒りは抑えて穏やかに対応しなければならない。

患者を安心させるために、ほんとうの病状を伝えないようにしなければならないこともある。親身にかかわってきた患者が亡くなり、悲しみに襲われることがあっても、他の患者たちのために元気に明るく振る舞わなければならない。

看護師の感情労働の調査研究でよく用いられているのが、「看護師の感情労働測定尺度（ＥＬＩＮ：Emotional Labor Inventory for Nurses」)」である。開発者である片山由加里らは、看護師にとっての感情労働を「患者にとって適切であるとみなす看護師の感情を患者に対して表現する行為」と定義している。

その尺度では、看護師の感情労働を「探索的理解」「表層適応」「表出抑制」「ケアの表現」「深層適応」の5つの因子でとらえている。

探索的理解とは、「相手の立場に立って考える」「その場に応じた感情の表し方を探す」「どんな患者にも共感しようとしている」「患者のための雰囲気づくりをする」などの項目で測定されるもので、適切な感情の表現方法を探しながら患者への理解を示すことをさす。

表層適応とは、「何も感じていないように振る舞う」「驚いたり緊張したりするふりをする」「喜びや親しさなどの肯定的感情を装う」「悲しさやつらさなどの否定的感情を装う」などの項目で測定されるもので、患者にあらわすべき感情が実際の感情と異なっていることから、感情を装うことをさす。つまり、その場にふさわしい感情を装うことである。

表出抑制とは、「自分の気持ちを容易に出さないように気を引き締める」「不安や怒りなどの否定的感情を隠す」「驚いたり緊張したりしてもその気持ちを隠す」などの項目で測定されるもので、自分の感情を抑えたり、感情を隠したりすることをさす。

ケアの表現とは、「自分の口調や表情やふるまいを意識する」「口調や表情やふるまいによってケアを表す」「患者との関係によってケアの表し方を調節する」といった項目で測定されるもので、ケアの動作によって患者に伝えるべき感情を表現することをさす。つまり、ケアにふさわしい感情を表現することである。

深層適応とは、「心に感じていることとの違いを自覚しながら感情を表す」「無関心なことでも関心をもとうとする」「期待される感情を心の中でイメージする」といった項目で測定されるもので、実際に感じている感情とあらわしている感情の違いを自覚したり、適切と判断する感情をつくり出したりすることをさす。つまり、看護師としてふさわしい感情を自分のなかに生み出すことである。

表層適応と表出抑制は、ホックシールドのいう表層演技に相当し、看護師という役割をこなすために、感情表現に関して上辺を取り繕うことをさしている。

一方で、深層適応はホックシールドのいう深層演技に相当し、看護師としてふさわしい感情を想像し、何とかそれを自分の心のなかに生み出そうとすることである。

いわば、看護師という職務上、適切とされる感情を患者に対して表現すること、そして職務上不適切とされる感情を患者に対して表現しないことを、看護師の感情労働とみなすわけである。

看護師の感情規則

どのような対人的な労働にも感情規則がある。

看護師の場合も、患者に対してどのような感情をもつのが適切で、どのような感情をもつのは不適切である、どのような感情を表出すべきであり、どのような感情は抑制すべきである、といった感情規則がある。

看護師ならだれもが、それを踏まえて感情労働に励むことになる。

武井は、看護という仕事の感情規則として、「患者の気持ちに共感せよ」という抽象的なものから、「患者にはやさしく親切に」「患者に接するときにはにこやかに目を見て話す」といった具体的なものまであるという。

こうした感情規則は、患者を安心させ、看護師や医療行為を信頼できるようにするためのものである。

なかには明言されていないにもかかわらず、厳然と存在する感情規則もある。その多くは、「患者に対して個人的な感情をもってはいけない」「患者に対して怒ってはいけない」「泣いたり取り乱したりしてはいけない」といった、看護師が感情的になることを禁じ、感情を抑制することを求める感情規則である。

「大笑いしてはいけない」「あまりになれなれしい態度をとってはならない」「派手に見えてはいけない」「患者を過度に甘やかしてはならない」などというものも含まれている。

こうした感情を制限する規則は、明文化されていることは稀だが、公式・非公式な教育によって植えつけられ、世代を超えて伝えられていく（武井麻子『感情と看護――人とのかかわりを職業とすることの意味』医学書院）。

このような一般的な感情規則を実際の業務のなかで守っていくには、それ相応の覚悟と忍耐が必要となるのは、武井のつぎのような記述を読むとよくわかる。

「患者に拒否されたり、怒鳴られたり、ましてや暴力を振るわれたりしたときには、それだけでも心底悔しく気が滅入ってしまいます。ましてその理由がわからないときには、看護することの空しさや無力感、絶望感を感じてしまいます。しかも、そこで思わず感情的になって怒鳴り返したり、無視したりすれば、今度は看護師がそんなことをしていいのかと大騒ぎになってしまいます。

そのうえ、『思わず感情的になってしまう』と、今度は自己嫌悪という、もうひと

つの地獄が待っています。自分の感情をあらわにするのは、看護師として失格のように感じられるからです」(同書)

看護師の感情労働がいかに過酷かを的確に描写しているが、じつは、これは看護に限らず、学校教育や介護など、対人援助職に共通の姿なのではないか。「看護師」を「教師」に、「患者」を「生徒・学生」に、「看護」を「教育」に入れ替えると、そのまま教育現場の感情労働の話になる。「看護師」を「介護士」に、「患者」を「入所者・利用者」に、「看護」を「介護」に入れ替えれば、そのまま介護現場の感情労働に当てはまる。

バーンアウトや離職が多い看護職の現場

このような、感情労働によるストレスを耐えがたく思うことはだれにもあるだろうが、多くの看護師は、そこを何とか耐え抜いている。だが、過重なストレスに押し潰され、バーンアウトに陥ってしまう看護師も出てくる。

感情労働により消耗して燃え尽きるだけでなく、頑張ってサポートしてきた患者が亡くなったときなどに、自分の無力を感じ虚しさに包まれて燃え尽きるといったケースもある。

さらには、医療現場にも「お客様扱い」の波が押し寄せているという問題がある。もともと過酷な感情労働を強いられている医療関係者は、それによってますます厳しい感情労働に駆り立てられることになった。

それに関連して、武井は、医療者と患者との関係が決定的に変わってきていることの問題を指摘している。

「今までは『お医者様におまかせ』『看護師さんにお世話していただく』という立場であった患者たちが、対等な立場を主張しだした。それはそれとして正当なのだが、一方で看護師への患者の暴言・暴力、無理無体な要求、セクシュアル・ハラスメントなどが増加してもいる。病室の個室化=密室化や患者を患者様と呼び、へりくだった態度で接しなさいというような院内教育がそれに拍車をかけている」（武井麻子「感情労働と看護」保健医療社会学論集 第13巻2号 2002年）

お客様と呼ばれる最近の風潮には、私自身ずいぶん違和感がある。そんなに「お客様扱い」してくれなくても、もっと対等な感じで対応してくれた方が気持ちの触れ合いもあって親しみが湧く。

だが、「お客様扱い」が心地よく感じられるという人も出てくる。そういう人は、お客様として恭《うやうや》しく接してもらえるのが快感になり、しだいに偉そうな気持ちになっていく。そうなると医療現場の職員たちは、ますます厳しい感情労働に追われることになる。

全国の400床以上の病床数の47病院の看護師、2200名を対象とした看護学の畠山朋子らの調査では、最近1ヶ月の看護業務で患者に対して怒りを感じたことが「ある」という看護師が65・7パーセントとなっており、看護師の3分の2が患者に対して何らかの怒りを経験していた（畠山朋子・佐々木久長・米山奈奈子「看護師の患者対応場面での怒り発生とその後の行動」秋田大学保健学専攻紀要 第24巻第1号 2016年）。

どのような場面で怒りを感じたのかについては、「同じ患者からの頻回なナースコール」がもっとも多く40・2パーセント、その他に、

「自分の仕事が多忙だったとき」（30・3パーセント）

「暴言や暴力を受けたとき」（25・9パーセント）

などが多かった。
そのように怒りを感じたときに「患者に対して取った行動」としては、「いつもと変わらない態度で接した」が70・2パーセントでもっとも多く、次いで、
「気にしていない振りをして平然とやり過ごした」（61・2パーセント）
「何ごともなかったように振る舞った」（61・0パーセント）
が多かった。
ここから浮かび上がってくるのは、患者に対して怒りを感じる経験がよくあるものの、何も気にしていない風を装って、いつもと変わらぬ態度で接し続ける看護師の姿である。
怒りが発生したとき、その怒りをどのように処理したかについては、「同僚に話を聞いてもらった」がもっとも多く74・1パーセント、それに次いで、
「上司に話を聞いてもらった」（38・3パーセント）
「なぜそのようなことが起きたのかということを考えた」（37・5パーセント）
「何か他のことをして気を紛らわせた」（32・4パーセント）
などが多かった。
「同僚に話を聞いてもらった」が突出して多く、4分の3が同僚に話を聞いてもらうこと

で怒りを解消していることがわかった。

これまで、看護師を対象に行われてきた感情労働とバーンアウトの関係についての研究では、表層演技がイライラや疲労感などのストレス反応をもたらし、バーンアウトや抑圧に関係していることが示されている。

やはり、職務上の役割にふさわしくない感情を無理やり抑え込み、職務上の役割にふさわしい感情を実際はもっていないのに、もっているように装うことは非常に大きなストレスになるのだろう。

深層演技の場合は、表層演技と違ってそれほどストレスにならないとする研究もあるが、ストレス反応と関係があるとする研究もある。

深層演技がうまくできるようになれば職務遂行がスムーズになり、有能に振る舞えるからポジティブな影響があるという見方もあるが、職務上の役割にふさわしい感情を無理やり感じようとするのだから、やはり感情労働ゆえのストレスが蓄積されるとみなすのが妥当ではないだろうか。

なお、看護師の離職の多さも感情労働に絡めて言及されることがあるが、看護師は人手不足が続いているので、子育ての都合でいったん退職しても、あるいは職場環境が合わなくて離職したとしても、その気になればすぐに再就職先がみつかるために、離職率が高いといった事情も絡んでいるのではないだろうか。

あまりにも過酷な介護の現場

２０１４年の11月から12月にかけて、川崎市の老人ホームで３人の入所者が相次いで転落死するという事件があった。

犯人はその施設の介護職員だった。３人の殺害を認めた際に、

「手が掛かり、以前から煩わしいと思っていた」

「入浴の介助に困っていた」

などと、介護の仕事に関する不満やストレスを供述したという。

その施設では、約80人を介護するのに、深夜から早朝までの当直勤務を３人の職員で担当しており、分刻みで定められた業務表に沿って、おむつの交換や呼び出しの対応などに追われていた。この容疑者の同僚だった男性は、

「忙しいときに仕事が重なると、『死ね』と言いたくなることだってある」

と明かしたという。神奈川県警の幹部も、介護の現場はこれほど過酷なのかと驚いたと話している（「朝日新聞ＤＩＧＩＴＡＬ」２０１６年４月16日）。

同じ施設の別の職員は、入所者を叩くなどして暴行罪に問われた。地裁の裁判官は、判決において、

「抵抗のすべのない被害者に暴行を加えており、あってはならない老人虐待だ」

と述べた。

被告は、その入所者の女性に入れ歯を入れるのを拒まれたり、文句をいわれたりしたことから、女性の頭を手のひらで叩き、首を手でつかむなどの暴行を加えた。その女性は、認知症を患い、難聴だったという（「朝日新聞ＤＩＧＩＴＡＬ」２０１６年４月18日）。

こうしたことが起こることの背景として、介護労働現場のあまりに過酷な状況、そして介護労働における耐えがたいほどの疲労感があるのではないか。介護の現場では、慢性的に人手不足の状態が続き、介護職員が過剰労働を強いられる状況にあるのは、右に示した事例でも明らかだ。

さらには、金銭報酬的に報われないとされる介護現場なのに、被介護者たちは障害をもっていたり認知症を患っていたりするため、非常に手が掛かる。規則を守らなかったり、

いうことを聞かずに勝手なことをしたり、わけのわからないいいがかりをつけられたりしても、怒りたい気持ちを抑えて、穏やかに、保護的にかかわらなければならない。介護職員は、そうした過剰負担や感情労働によるストレスを溜め込んでいる。

2014年に社会福祉法人シルヴァーウイング、社会福祉法人トーリケアネット、社会福祉法人ケアネットの3法人が、3法人の5事業所に在籍する介護職員を対象に共同実施した「介護職員満足度調査およびストレスチェック」の結果、職場への不満としては、疲れが抜けない、休憩時間を十分にとることができない、残業を含めて今の労働時間が適当であると思わないなどがあげられた。

人手不足により過酷な労働を強いられている実態がうかがわれる。ストレスチェックの結果をみると、要フォロー、要注意ともに高い割合を示し、注意者以上が59・3パーセントとほぼ6割にもなり、ストレスを溜め込み、精神的な不調を抱える介護職員が過半数を占めることが明らかになった。

実際、仕事のストレスが原因でうつ病などの精神疾患を発症したとして、労災を申請した介護職員の数が、2014年度までの5年間で2倍以上に増えており、認定された人数も3倍に増えている。

このような増加には、労災に対する社会的意識の向上が影響している面もあるだろうが、労災申請件数も認定件数も、5年間の増加率は全業種平均を大きく上回っている。

さらには、厚生労働省の「平成28年版過労死等防止対策白書」によれば、業務における強い心理的負荷によって精神障害を発病したとする労災請求件数の2015年度の数字をみると、「社会保険・社会福祉・介護事業」が2位の「医療業」の1・6倍以上と断トツの1位になっている。

しかも、「社会保険・社会福祉・介護事業」の申請件数はこのところ急増している。この分類には、介護職の労働者が多いという。

このようなデータからも、介護職がいかに心理的負荷のかかる仕事であるかがわかる。

非常に難しい感情コントロールが求められる介護職員

ケアする人のケアを専門とする吉田輝美は、特別養護老人ホームに勤務する介護福祉士など7つの事業所の介護労働者を対象とし、利用者との間に感じたコミュニケーションストレスの有無、利用者から受けた言葉による傷つきの有無についての調査を行っている。

その結果、利用者とかかわるなかでコミュニケーションストレスを感じたことがあるかについては、「非常にあった」が19・6パーセント、「時々あった」が68・4パーセントとなっており、ほぼ9割がコミュニケーションストレスを感じていることがわかった。

利用者の言葉による傷つきの頻度については、「非常にあった」が4・7パーセント、「時々あった」が56・0パーセントとなっており、6割以上が利用者の言葉によって傷ついた経験があることがわかった。

どのような言葉に傷ついたかについての分類結果をみると、「このバカ者!」「バカ、うるさい、何すんだ」「何をする、バカ者」「お前はバカか!」「バカ、死ね!」など、「バカ扱いされた」というのが36・0パーセントともっとも多く、次いで、「お前に用はない」「近づくな!」「帰れ、二度と来るな」「殺す気か!」「お前に触られたくない」「お前を呪い殺してやる」など、「介護者存在否定」が19・9パーセントと多かった。

吉田は、ケアマネジャーと主任ケアマネジャーを対象とし、傷つきやストレスに関する調査も行っている。

その結果、利用者やその家族からコミュニケーションストレスを受けやすい職業だと感じるかについて、「非常にそう思う」が46・6パーセント、「そう思う」の47・5パーセントを合わせて、9割以上がケアマネジャーや主任ケアマネジャーの業務は、コミュニケーションストレスを受けやすいと感じていることがわかった。

利用者からの言葉で傷ついた経験があるかについては、「非常によくあった」と「時々あった」を合わせると49・5パーセント、利用者の家族からの言葉で傷ついた経験があるかについては、「非常によくあった」と「時々あった」を合わせると58・4パーセントとなっており、ほぼ半数、あるいはそれ以上が傷ついた経験をもつことがわかった（吉田輝美『感情労働としての介護労働——介護サービス従事者の感情コントロール技術と精神的支援の方法』旬報社）。

武井は、自分の感情をカウントしないなら、なぜ相手の感情をカウントしなければならないのか、この不均衡に耐えるところに、感情労働としてのケアのひとつの特徴があるという。そして、入所者に対する虐待やネグレクトが起こる背景について、次のように感情労働に結びつけた心理分析をしている。

「問題は、重い責任がケア提供者にどのような感情体験をもたらすのか、なのである。彼らが体験する孤立無援感と無力感は、実はケアの受け手である入所者が抱えているものなのだが、夜一人で勤務していると、ケア提供者はますますケアの受け手とその感情において同一化していく。そして、逃れられない状況下での見捨てられ感と無力感は、怒りの反応を引き起こすが、それは施設管理者にではなく、目の前の利用者に向けられる。この人のせいでこうした思いをさせられる、この人さえいなければ、と感じるのである。しかも、それが『不適切な感情』と感じられれば感じられるほど助けは求めづらく、ますます追い詰められていく。虐待やネグレクトが起きるのはこうした状況のもとでなのである。一人夜勤の辛さは、こうしたやりきれない感情に耐え、親切さや思いやりをもち続けなければならないということであり、それこそが感情労働なのである」（武井麻子「感情労働の視点からの反論　上野千鶴子著『ケアの社会学——当事者主権の福祉社会へ』（太田出版、２０１１年）」保健医療社会学論集　第24巻第1号　２０１３年）

ホックシールドは、感情労働が求められる職業としていくつかあげているが、そのなかにソーシャルワーカーも含まれている。そして、ソーシャルワーカーには、「相手に気遣い共感し、かつ好きであるにせよ嫌いであるにせよ『深入り』しすぎないことが求められる」（ホックシールド　前掲書）。

入所者や利用者の気持ちを汲んで共感するように求められながら、深入りしてはいけないともいわれている。

ケアの受け手に、巻き込まれすぎると冷静な判断ができなくなるし、多くの受け手がいるわけだからいちいち巻き込まれていたら仕事にならない。そうはいっても、介護職員もごく普通の人間だし、生身の人間としての感情もある。

介護職員は、非常に難しい感情コントロールを求められているのである。

介護職員による事件報道をみて、「なんで、あんなとんでもないことをするんだ」と呆れる人が多いだろうが、そうした事件が起こってしまう背景として、介護職員の多くが、追い詰められた心理状況のなかで仕事をしているという実態があることは知っておきたい。

理不尽なクレームにも耐える車掌や駅員

大阪府の近鉄奈良線東花園駅の高架線から人が飛び降りるという事件が、2016年の9月に発生した。飛び降りたのは車掌の男性(26歳)で、高架線路の柵から約7メートル下の駅敷地内に転落。病院に運ばれたが、腰などの骨を折り重症を負った。

この車掌は、河内小阪駅構内で発生した人身死亡事故について、東花園駅のホーム上で利用客に対応していた。その最中に、突然、制服の上着や帽子を脱ぎ捨てて線路に入り、ホームの端付近で高架から飛び降りたという。

近鉄は取材に対して、「お客様対応中の車掌が不適切な行動を引き起こしたことは大変遺憾」としている（「朝日新聞DIGITAL」2016年9月21日）。

今の日本では、「お客様扱い」が行きすぎているため、あきらかに理不尽なクレームであっても、うっかりたしなめたりすると、客はさらに激しく怒り出し、訴えるぞと脅しに出たり、ネット上に大げさに悪評を書き込んだりする。

そのため、理不尽なクレームでもなかなかはねつけることがしにくい。そこで限界まで我慢するわけだが、臨界点を超えて爆発する危険は紙一重のところにある。

先の事例でも、その後の情報によれば、ホーム上で何人もの乗客に囲まれ、喧嘩腰に問い詰められた車掌が、制服・制帽を脱ぎ捨てて、「もうイヤだ」「生きてられない」「つらい」というようなことを口走りながら線路に飛び降り、さらに高架から地上に飛び降りたようである。

人身事故などで電車が止まり、足止めを食らうことがこの頃よくあるが、多くの乗客に対して同じ説明を繰り返している車掌や駅員をみていると、「ほんとうに大変だな」と思うし、怒鳴るような調子で文句をいっている乗客に対して、丁寧に対応しているのをみると、同情するとともに、「よく耐えてるなあ」と感心する。

そもそも電車が止まっているのは、利用者が飛び込んだりした人身事故が原因であって、車掌も駅員も何も悪くないのである。

そこで行われているのは、自分の感情を抑え、利用者の感情の満足を優先させる行動であり、まさに感情労働といえる。

近頃、「お客様扱い」が当たり前といった風潮が広まっているため、わがままな利用者が多く、車掌や駅員に対する乗客の暴言や暴力の多さも問題になっている。理不尽なクレームにうんざりし、「もう、いい加減にしてください」と突き放したいのに、それができず、ついに自虐的な行動を取って、その場から逃げ出す。そんなことがあっても不思議ではない。

それほどまでに心理的に追い込まれているのである。

とりわけ過酷なコールセンター業務

ＩＴ化に伴って急激に需要が増加してきたのが、コールセンターのサポートサービスの仕事である。

それにしても、需要が多い割には労働条件が悪いといわれており、離職率が非常に高い。いわばもっともストレスフルな仕事のひとつとされている。非正規率が高く、賃金が低いといった待遇面の問題も指摘されているが、感情労働という面でも、とても過酷な仕事といえるだろう。

コールセンターに勤務するオペレーターは、相手がみえないため、笑顔のような表情や物腰柔らかな姿勢を武器に使うことができない。話し方や声の調子だけでよい印象を与えなければならない。さらには、よくわからないことをいう相手にも根気強く付きあわなければならない。

コールセンターに電話してもなかなかつながらず、待たされる経験はだれにもあるはずだ。そのためオペレーターは、電話に出た途端に客から怒鳴られることもよくある。オペレーターの責任ではないので理不尽な叱責なのだが、とりあえず謝るしかない。

言葉の受け止め方には個人差が大きいし、そのときの感情状態でも違ってくる。丁寧にいったつもりでも、怒っている相手にはムカつくいい方に受け止められることもある。だから、コールセンターのオペレーターは、言葉遣いやしゃべり方に非常に神経を使う。

コールセンターには、いろいろな客からの問い合わせがある。理路整然と必要なことを聞いてくる客ならよいが、たいていはよくわからないから問い合わせてくるのである。

そのため、要領を得ない問い合わせが必然的に多くなる。いったい何をいっているのかわからなかったり、どんなサポートが求められているのかがわからなかったりして、イライラしても、相手は客なので、

「もっとわかるように話してください」

などというわけにいかず、丁寧に聞き直していかなければならない。

また、認知能力は人によってさまざまであり、理解力の乏しい客から問い合わせがあることも少なくないはずだ。こちらがいくら説明しても理解してくれないこともある。そんなときも、

「なぜこんなこともわからないんだ」

と呆れる気持ちを抑えて、丁寧に繰り返し説明するしかない。

なかには感じの悪い客もいる。怒りながらクレームをつけてきて、怒鳴りまくる客もいる。電話でお互いの顔がみえず、匿名性も保たれるため、攻撃衝動を遠慮なく発散してくる客もいる。

そんなときも腹を立てずに、冷静に応対せざるを得ない。コールセンターの対応が企業のイメージに直結するため、対応の仕方が録音され、評価や改善のために上司によってモニタリングされたりするからだ。

客のいいたいことを何とか察しようと努力する。客の口調に気を配り、感情を害さないように気をつける。ときにつまらない冗談にも笑わなければならない。不愉快なことをいわれても気にしないようにする。イライラしても、それを感じ取られないように平静を装う。いいがかりをつけられても、腹を立てずに我慢する。自分に落ち度がなくても、必要に応じて丁寧に謝る。苦手な客、感じの悪い客に対しても、明るい声で対応する——。

このように、気を遣って匿名の相手のサポートをしなければならないコールセンターの労働者は、非常にきつい感情労働を強いられているのである。

クレジットカードなど、延滞金を電話で催促する信販会社のコールセンターに勤めるO

Lで、『督促OL 修行日記』(文春文庫)の著者である榎本まみは、督促の際にどうしたら相手にイヤな思いをさせずに必要なことをいえるか、何とか怒鳴られない方法はないかと悩んだという。

その結果、「返金はまだですか」とストレートに聞くのではなく、「いつだったらご入金いただけますか」と聞くとか、「謝罪2+感謝1」の会話のバランスを取るといったコツを編み出した。

「謝罪2+感謝1」というのは、コールセンターにクレームの電話がかかってきた場合、「申し訳ございません」と2回いったら、そのつぎは「貴重なお時間をいただいてありがとうございます」と感謝を伝えるという手法だ。

クレームには、「申し訳ございません」とひたすら謝り続けるオペレーターが多いが、「謝って済むと思ってるのか!」と逆に火に油を注いでしまうこともあるため、こうした工夫をするようになったのだという。

なるほどと感心せざるを得ないが、それほどまでに客の反応に気を遣って対応しなければならないコールセンターの業務は、とりわけ過酷な感情労働といってよいだろう。

業者という立場の嘆き

業者という立場にある人のなかには、いつも偉そうにする取引先に腹を立てたり、理不尽な要求をする取引先に苦しめられたりしている人が多い。

もののいい方がいつも横柄な取引相手に対して、「たかが役割関係に過ぎないのに、あたかも自分が偉いかのように錯覚しちゃって、なんか滑稽だな」などと思えば腹も立たない。距離を置いているときは、そのように思う気持ちの余裕があるのだが、いざ目の前で、

「あんたねえ、そんなことで仕事もらえると思ってるの？」

「仕事を受注したいんなら、それなりの態度ってもんがあるだろう」

といわれたり、ちゃんと説明しているのに、

「そんな説明しかできないのか！」

「もっと仕事のできるヤツをよこしてもらわないと困るな」

などといわれたりすると、怒りが込み上げてきて、怒鳴りつけて帰りたい衝動を必死に抑えているという。

突然呼び出されて、納期を早めろと無理をいってくる取引先にいつも翻弄されるという

人もいる。そんなことを突然いわれても対応できないので、

「それは無理です」

というと怒鳴り出す。怒鳴られても無理なことはどうにもできないので、もともとの約束通りに進めているこちらに何も落ち度はないのに、ひたすら頭を下げるしかない。

それでも納得せずに、

「上司に来させろ」

などといい出す。

上司にいっても、

「そんな相手は自分で対処しろ」

と突き放されるだけなのはわかっているので、ひたすら頭を下げてお願いするしかない。

そんな相手の姿をみて、「自分に力があると感じて、悦に入っているどうしようもないヤツだ……」と冷静なときには思えるのだが、その場では、怒りが爆発しそうなのを抑えるのに必死だという。

新たな契約のたびに、あり得ないような値引きを迫ってくる上に、接待を要求してくる取引先に、うんざりするという人もいる。

これ以上は無理だというほど丁寧に説明しても、

「業者はいくらでもいるんだよね」

などといった脅し文句をちりばめながら、値引きを迫ってくる。

いくら脅されても、どうにも無理だということになると、今度は接待を求めてくる。しかし、会社から交際費など支給されるわけがない。自腹で対処するしかない。受注が減ると査定に響くため、仕方なく自腹で対処する。

接待の場が、これまた忍耐の場となる。酔うと必ずこちらをバカにするようなことをいって、延々と自慢話をする。心を無にして、形だけうなずきながら、それをひたすら聞くしかない。

このような業者としての嘆きを聞いていると、これはまさに感情労働の典型だと思わざるを得ない。

第4章　職場内すらも抑圧された感情が渦巻く場に

横暴な上司に対して、ひたすら我慢する部下

感情労働という着想は、ホックシールドによる客室乗務員の研究によって得られたもので、もともとは客をもてなすために、自分の感情をコントロールすることを求められる労働を意味するものだった。

だが、よく考えてみると、労働者が自分の感情コントロールを求められるのは、何も客に対する場面に限らない。

上司に対しても、不適切な感情を抑えたり、適切な感情を無理に表出したりしなければならない。上司の言葉にムッとしても、その気持ちを表に出さずに、何ごともなかったかのように平静を保つように努力しなければならない。上司に飲みに連れて行かれたときなど、つまらない冗談にも笑わなければならないし、自慢話にうんざりしても感心したような反応を示さなければならない。これは立派な感情労働といえる。

ときに横暴な上司というのもいるものだ。上司の指示に従って進めていた仕事なのに、どうも結果がうまく出そうにないとわかると、

「なんでそんな勝手なことをしたんだ！」

などと怒鳴り出す。そんなときも、

「あんたがそうしろって言ったんじゃないか！　忘れたのか、このボケ！」

と、いいたい気持ちを必死に堪えて、新たな指示に従うしかない。

ちょっとしたミスをしつこく責め続ける上司もいる。さんざん叱られ、

「すみません、これから気をつけます」

といった後も、

「なんでこんなミスをするんだ！」

「どういうつもりなんだ！」

とネチネチと責め続ける。

「なんで？」とか「どういうつもりで？」とかいわれても、わざとミスしたわけじゃないのだから、どうにも答えようがない。日頃のストレスを発散しているんじゃないかと思わざるを得ない。

いうことが矛盾だらけの上司もいる。

「いちいちオレに聞いてこないで、自分で考えて動け」

「そのくらいのことも自分で判断できないのか」

といわれたから、自分で考えて仕事を進めていると、

「勝手なことされちゃ困るな。オレは聞いてないぞ」

などとケチをつけてくる。自分で考えろといったかと思えば、勝手なことをされちゃ困るというし、いちいちオレに聞くなというかと思えば、オレは聞いてないといい出す。

「やってられないよ」という気持ちを抑えて、「すみません」といって冷静に説明するしかない。

上司に対する感情労働は、だれもが日常的に励んでいるものである。

上司を傷つけないように気遣いも必要なんて……

部下として気を遣わないといけないのは、自分勝手な上司や横暴な上司に限らない。

一般に、自律的に仕事をこなしている部下より、いちいち相談に来る、手の掛かる部下の方がかわいがられるものである。そこに、上司に対する際に部下に求められる感情労働のもうひとつの側面がある。

それは、上司の不安を和らげてあげるという意味での感情労働である。

部下というのは、上司から評価される立場ゆえに上司に対して非常に気を遣うわけだが、

上司だって自分がどう評価されているかはとても気になるものだ。部下から「有能な上司だ」と尊敬されたり、「頼れる上司だ」と信頼されたり、「親しみやすい上司だ」と好意的にみられたりしていればよいのだが、

「無能な上司だ」
「頼りにならない上司だ」
「とっつきにくい上司だ」

などと否定的にみられていたら淋しい。

いったい自分は、部下からどんな風に思われているのだろう。そんな不安な思いを抱いている。

こういった上司にとって心地よいのが、何かにつけて頼ってくる部下だ。部下に頼られることによって、自分の存在価値を実感することができる。手の掛かる部下は、上司にとって、自分は頼られている、自分は必要とされていると感じさせてくれる貴重な存在なのである。一方で、上司を煩わせてはいけないと遠慮している部下は、上司を配慮しているつもりでありながら、じつは上司の心のケアに失敗しているのである。

部下があまりに自律的に仕事を進めていると、上司は助かるはずなのだが、どこかで淋

しい思いになる。

「どうせ、オレのアドバイスなんていらないんだろう」

「オレは頼られてないってことだな」

などと僻《ひが》みっぽくなってしまう。

「ホウ・レン・ソウ」、つまり報告、連絡、相談はビジネスの基本だとされるが、これには上司が部下の仕事状況を把握していないと適切な判断が下せない、といった実務的な意味だけでなく、上司の心のケアという意味もあるのだ。

報告や連絡や相談を適宜《てきぎ》行うことによって、上司は自分が頼られていると実感でき、自分の存在価値を確認することができる。それによって上司の不安は軽減する。

いろいろな意味で、部下は上司に対して感情労働を行っているのである。

上司や先輩のアドバイスにさえ、「上から目線」と反発

その一方で、上司の側も感情労働を強いられるようになってきた。

かつては上司に気を遣って悩むということはあっても、部下に気を遣うというのは、それほど深刻な問題ではなかった。

だが、今は部下に気を遣わないと仕事が円滑に進まない。管理職がよく口にするのは、注意やアドバイスにすぐに反発する若手が多くなって困る、どう対処したらいいかわからないといった嘆きである。

注意すると気まずくなるし、アドバイスをしても「上から目線」が鬱陶《うっとう》しいと反発されたりするから、やりにくくてしょうがないという。そうした今どきの職場の心理風景を描いた拙著『「上から目線」の構造』（日経プレミアシリーズ）は、多くのビジネスパーソンの共感を得たが、その一部を以下に示すことにする。

「ここはひとつ助け舟を出してやろうと考え、呼び出して、能率アップのためのアドバイスを試みた。

有益なアドバイスのはずで、感謝されると思っていた。少なくとも反発を食らうことなど想定外だった。ところが、部下の反応は冷たかった。

『わかりました。これからそうします』

と言うだけで、『ありがとうございます』も『すみません』もない、表情はこわばっている。どういうことかと思い、尋ねてみた。

『どうかした?』

『いえ、べつに』

『何か気になることがあるのか? あるなら、どんなことでも言ってくれ』

『その上から目線がイヤなんです』

上司は言葉を失った」

「別の職場の話である。社内の事情がまだよくわかっていないんだなと感じて、後輩にちょっとしたアドバイスをしたところ、

『ありがとうございます。助かります』

とこちらには言いつつも、立ち去りながら一緒に歩いている連れに、

『なんであんなふうにいつも上から目線なんだろうな』

とつぶやくのが聞こえ、大いにショックを受けたという人がいた」(同書)

上司や先輩の有益なアドバイスでさえも、「上から目線」と反発を買う時代の空気があるようなのだ。その心理メカニズムはこうだ。

アドバイスによって助かるのは事実であっても、相手が親切でいってくれたという意味

づけよりも、相手が優位に立ってものをいってきたという意味づけをする。そのため、感謝の気持ちより反発心の方が強くなってしまうのだ。

アドバイスをしてくるという姿勢が、こっちに対する優位を誇示するように感じられる。だからムカつくのである。そこにあるのは「見下され不安」だと分析したのだが、ここではその話は割愛する。

いずれにしても、上司はうっかり親切心からアドバイスすると、思いがけない反発を食らうことになったりするため、部下に対して非常に気を遣わなければならなくなった。アドバイスでさえ反発されるのだから、注意しなければならないときなど、さらに気を遣う。

ミスをした部下や、頑張りの足りない部下に対して厳しいことをいうと、

「きついことを言われて傷ついた。パワハラだ」

などと訴えられかねない時代になった。

最近は、上司がパワハラをしたと訴えられたケースをみると、かつてなら何も問題にならなかったような内容でトラブルになっていることも少なくない。

訴えたり、文句をいったりしない部下でも、叱られたことに必要以上に落ち込んで、翌

日から休んでしまうことがある。そうなると、管理能力を問われたりするため、今どきの上司は叱りたい気持ちを抑えて、部下のご機嫌をうかがわなければならない。

このような風潮をもたらしているのは、世の中に蔓延している「お客様扱い」にほかならない。子どもの頃から、買い物に行けば大人が丁重に応対する。相手が子どもであっても、客だということで敬語を使ってへりくだる。学校でも、保護者の目を気にする先生たちから子どもは「お客様扱い」だ。そのため、叱られることへの耐性、厳しさへの耐性が、上司世代と比べて著しく低い。

そうした事情もあって、上司世代には何でもないと思われる言葉にも、今どきの若手部下はひどく傷つき、気持ちが挫《くじ》けてしまうのである。

若手社員はお客様なのか

そこで、世の上司たちは、逆ギレされないように、傷つけないように、配慮が求められるようになった。注意する際も、きつい調子にならないように丁寧な言葉遣いを心がける。

「こんなんじゃダメだ」

「これじゃ、使い物にならん」

というような従来の注意の仕方だと傷つけてしまい、トラブルになりかねない。そのため、否定的ないい方は避けて、

「こうしたらいいんじゃないか？」

「これで、どうだろう？」

とやんわりと方向性を示唆する。問いかける口調にすれば、より柔らかい雰囲気になる。

ここまで気を遣わなければならないというのは、もう立派な感情労働である。

部下を傷つけないために、ほめる達人を目指そうなどといった動きも出てきている。今や「ほめる達人（ほめ達）」の検定試験というものまであり、ほめ達になるための研修さえ行われている。

ほめ達になるための研修では、ほめ言葉の語彙力をつけるため、ほめ言葉をできるだけ多く書き出したり、部下の短所を長所にいい換える練習をしたりするようだ。

たとえば、「決断力がない」という部下の短所を「周囲の意見を聞ける」という長所にいい換えたりするのだそうだ（「朝日新聞」２０１４年11月26日朝刊）。

若手社員を傷つけて不満をもたれたりしないように、『日経ビジネス』の「それをやったら『ブラック企業』」という特集（２０１３年４月15日号）では、つぎのように若者を萎

縮させない言葉のいい換えの具体例を示している。

・チャレンジ精神がない　→　地に足が着いた
・決断力がない　→　入念に考える
・内向的　→　思慮するタイプ
・消極的　→　謙遜する性格
・目立たない　→　落ち着きがある
・ひ弱　→　感受性が高い
・空気を読まない　→　破天荒
・態度が偉そう　→　器が大きい
・根気がない　→　好奇心が旺盛
・意見を聞かない　→　こだわりがある
・図々しい　→　度胸がある
・雑な性格　→　おおらか
・鈍重　→　真面目

・半人前　→　将来が楽しみ
・コラッ！　→　どうした？

けっして、ほめられるようなことではないのに無理やりほめないといけない。ホンネでは「アホくさ」と思いつつも、そうしないと部下が傷ついてモチベーションが下がるなどといわれるため、仕方なくほめる。

３６０度評価などといって部下からも評価される組織もあり、管理職としての評価を上げるには部下の機嫌を取ることも大事だなどといわれる。

そんなことをしていたら、部下を一人前に鍛えることができないし、顧客に対してキレるような未熟で忍耐力のない部下にしてしまうといった危惧がある。ほんとうにバカらしいと思いながらも、身を守るためには無理をしてでも部下をほめるしかない。

このような上司が強いられているのは、まさしく感情労働といってよいだろう。

今や感情労働は顧客と対面する職業という枠を超えて広がりをみせており、「顧客」を「職場内の上司や部下」などに置き換えたとしても、当てはまるのではないかという評論家の岸本裕紀子は、社会のさまざまな場面に感情労働に絡んだ問題が浮上してきているとし、「感情労働シンドローム」といういい方をしている（岸本裕紀子『感情労働シンドローム――体より、気持ちが疲れていませんか?』PHP新書）。

部下は上司に気を遣い、上司も部下に気を遣う社内の人間関係模様をみていると、職場はまさに感情労働シンドロームとでもいうべき、病んだ状況になっているとみなさざるを得ない。

採用面接、さらには新入社員にも気を遣うブラック恐怖症の企業

最近では、ちょっとイラッと来るとネット上に悪評を書き込む者がいるので、どの企業も非常に気を遣っている。

採用面接の際も、自分はどうもうまくいかなかったなと思った就活生が、憂さ晴らしのようにネット上に面接を受けた企業の悪評を書き込んだりする。

それが非常に偏見に満ちた内容であっても、あるいはまったくの誹謗中傷であっても、その場にいなかった第三者には真偽のほどはわからない。そのため、影響力をもってしまうことがある。そうした悪評のせいで応募者が実際に減ったという企業もあるほどだ。

このような背景があって、圧迫面接をしなくなった企業も多いようだ。

悪評を恐れて若手に気を遣っているのは、採用担当者だけではない。日常の職場でも、若手に乱暴な口をきかないように、親しみやすい口のきき方をするようにといわれ、なんでそこまで若手に気を遣わなければならないのだとイライラしたり、不満に思ったりしている中高年も多いはずだ。

そんな風に気を遣うようにいわれるのも、不満をもった若手のツイートが怖いからだ。社員が「ウチの会社はブラックだ」などと書き込むと、瞬く間に悪評がネット上で拡散し、就職希望者が減るだけでなく、取引先や顧客から見放されてしまう恐れもある。だから気を遣うのである。

そこで、「ウチの会社はブラックだ」というような書き込みをネット上にされるのを防ぐために、企業側は若手社員への対応に非常に気を遣うようになった。

たとえば、若手に対して「してはならないこと」として、威圧的な言葉遣い、飲み会や昼食への同行の強制、距離を取らないこと、存在を無視すること、などがあげられている。逆に、「取り組むべきこと」として、朝の挨拶、毎日1回は声をかける、悩みを聞く、悩みを話す、言葉遣いをソフトにする、などがあげられている（前掲「それをやったら『ブラック企業』に」）。

昼食に同行させたり、飲みに誘ったりすると鬱陶しがられるだろうから、あまり誘わないように心がける。だが、そうかといって、無視されていると思って傷ついてもいけないから、毎日声をかけるようにし、悩みはいつでも聞くといった雰囲気を醸し出すように気をつける。

どこまで部下に気を遣わなければならないのだろうか。これでは上司は気の休まる暇もない。まさに四六時中、部下に対する感情労働だ。

感情を押し殺すのは非正規社員だけではない

非正規社員のつらさは多くの人が指摘している。その通りだと思う。

身分が保障されておらず、気に入らなければいつでもクビを切られるから、収入が途絶えるのを恐れて、何があっても我慢しなければならない。たとえ腹が立つようなことがあっても、感情を押し殺して淡々とやっていくしかない——。

だが、感情を押し殺して働かなければならないのは、何も非正規社員に限ったことではない。

人件費削減のため、非正規社員を増やす動きがあるので、正社員も、その座を守るために必死にならざるを得ない。いったん正社員から外れると、ほぼ正社員に戻れないということもあって、過重労働の負担をかけられても、横暴な上司に腹が立っても、感情を押し殺して働き続けるしかない。

さらには、非正規社員は契約時間だけで切り上げられることが多いが、正社員は責任が重く、勤務時間の枠が曖昧になりがちで、過重労働をせざるを得なくなることが多いと考えられる。

「職場におけるメンタルヘルス対策に関する調査」（前出、100頁）によれば、メンタルヘルスに問題のある正社員がいるとする事業所は56・7パーセントなのに対して、メンタルヘルスに問題のある派遣労働者、パート労働者、契約社員がいるという事業所は、それぞれ13・5パーセント、25・7パーセント、23・9パーセントと、正社員と比べて非常に低い比率になっている。

非正規社員のメンタルヘルス不調者は、正社員のメンタルヘルス不調者よりも多いか少ないかを事業所に尋ねた結果をみると、派遣労働者では「多い」が12・7パーセント、「少ない」が58・8パーセント、パート労働者では「多い」が8・4パーセント、「少ない」が67・1パーセント、契約社員では「多い」が8・1パーセント、「少ない」が58・8パーセントとなっており、いずれも正社員より少ないという認識をもつ事業所が圧倒的に多数である。

以上のデータは、正社員の方が責任が重く、過重労働を避けられず、それによってメンタルヘルスの不調に追い込まれやすいことの証拠といえるだろう。非正規社員でないから気楽だ、というわけではない。

このように、上司も部下も、非正規社員も正社員も、だれもが感情を押し殺して働いている。そのような職場では、抑圧された感情が渦巻いており、一触即発の様相を呈しているのである。

第5章　過剰・感情労働時代のストレスとの付きあい方

客となってストレスを発散する社会

コンビニやスーパーのレジの前に並んでいて、店員の作業が遅いとイライラし、

「モタモタするな、早くやれ!」

と大声を出す客。

飲食店で、頼んだメニューがなかなか出てこないと、

「まだかよ、なんでこんなに遅いんだ!」

と怒鳴り口調で催促する客や、注文したものが違うから後に来た人のメニューが先に出たのに、

「なんで向こうが先に出るんだ! こっちが先だろ!」

と怒り出す客。

電車が台風や人身事故で止まっていると、

「いつになったら動き出すんだ! こっちは急いでるんだ」

「わからないって、いったいどういうことだ! 無責任だろう!」

などと怒鳴るように駅員に詰め寄る乗客——。

このようなキレやすい客が目立つようになったのも、サービス産業で働く人たちが多くなったこと、そして、このところの「お客様扱い」が行きすぎていることが関係しているのだ。日頃の業務のなかで、「お客様第一」を掲げて行動せざるを得ず、客や取引先にひたすら頭を下げ、理不尽なクレームにも平身低頭謝り続け、わがままな相手からの要求にも極力応えるようにする。どんなに腹が立っても、自分の感情は抑えて、相手の機嫌を損ねないことを最優先に振る舞う。それにより相当のストレスを溜め込んでしまう……。

「客が何だって言うんだ！」

「店員は奴隷じゃないぞ！」

「取引先がそんなに偉いのか！」

と叫びたいのを必死に堪えて、ニコニコ、へらへらしている自分に、反吐《へど》が出るほどの情けなさを感じたりする。そういう「お客様第一主義」によるストレスを溜め込んだ人が、職務を離れ、今度は客になると、職務中に抑圧していた怒りが一気に込み上げてきて、ちょっとしたことで怒りを爆発させてしまうのであろう。

このようなことにならないために、最後に、過剰・感情労働時代のストレスにどう対処したらよいのかについて考えてみよう。

リフレーミングの必要性

客室乗務員は乗客が苛立ちをぶつけてきたとき、乗客に対する怒りを鎮めるためにどうしたらよいか、どのようにしたら感情を抑制できるか。それについて、ホックシールドは、つぎのような方法を紹介している。

「そうなったとき、予備にとっておいた空想世界がサービスの中に持ち込まれる。訓練のとき、ある新人はこう教えられた。『基本的に、乗客はただの子どもなのよ。注目されたいの。初めて飛行機に乗る人の中には、ときどきものすごく神経質になっている人もいるわ。でも、トラブルを起こす人の何割かは、ほんとうにただ注意を向けてほしいだけなのよ』。（中略）始末に負えない乗客を『ただの子ども』とみなすことは、彼らに対する許容範囲を広げることである。彼らの要求が子どものようなものであっても、その要求がまず最初に満たされることになる。労働者の怒る権利は、それに呼応して小さくなっていく。彼女は大人として、子どもに対する怒りを慎み、抑え込むよう努めなくてはならないのである」（ホックシールド　前掲書）

何らかの新たな枠組みを設定することによって、うんざりする気持ちや腹が立つ気持ちを同情心に変えることもできるし、切羽詰まった緊張感から解放され、気持ちが楽になる。事実は変えられなくても、フレームを変える、つまり物事を違った枠組みのなかに置いてみると、その事実のもつ意味が違ってみえてくる。腹が立って仕方がなかったことでも、みる枠組みが変わると、感じる意味が変わり、そんなに腹も立たなくなる。

そのように、ものごとをみる枠組みを変えることをリフレーミングという。

ひとりで抱え込まないで、共感を得ること

ストレス解消に非常に役立つのが、仲間に話し、共感を得ることだ。

第3章で紹介した看護師を対象とした調査では、最近1ヶ月以内に患者に対して怒りを感じたことがあるという者が65・7パーセントと3分の2もいるが、職務役割上、患者に怒りをぶつけるわけにもいかないから、7割が怒りを抑えていつもと変わらない態度で接していた。その際に、同僚に話を聞いてもらったという者が74・1パーセントと非常に多い。カウンセリングの原理にあるように、話を聞いてもらうだけで怒りや感情は鎮まり、

気持ちが楽になる。とくに同じような立場にある仲間に話を聞いてもらうと、共感してもらえるため、より効果的である。

その意味でも、ひとりで抱え込まずに、職場の仲間に話を聞いてもらうことが大切だといえる。ソーシャルサポートは、ストレッサーによる心身への悪影響を緩和する効果をもつのである。また、クレームに対しては、個人で対応するのではなく、組織として対応するのが望ましい。

顧客満足度も高いが、看護師の離職率が非常に低い川越胃腸病院の事例をみても、患者やその家族からのクレームには、個人でなく組織全体で対応すべく、医療サービス対応事務局が一手に引き受けているという（田村尚子「感情労働における『組織的支援モデル』──精緻化への一考察」西武文理大学サービス経営学部研究紀要　第27号　2015年）。

ストレスになることがらは、けっしてひとりで抱え込まないことである。

自己開示できる場をもつ

過剰・感情労働のストレスが心身の健康に悪影響を及ぼすからといって、働かないわけにはいかない。働き手として有能に機能したいと思えば、職務上の役割にふさわしい感情表出に努め、ふさわしくない感情表出は抑制せざるを得ない。

たとえば、理不尽なノルマを課してくる上司に対して、

「そんなの無理に決まってるだろ。現場の事情がわからないのか、アホ！」

と思っても、そんな思いは抑えて、

「わかりました。できる限りやってみます」

というしかない。理不尽な要求をする客に対して、

「いい加減にしろよ、この低俗やろう！」

と怒鳴りつけたくなっても、そんな気持ちを必死に抑えて、

「それはちょっと困ります」

とニッコリ穏やかにたしなめるしかない。

これではストレスが溜まって仕方がない。

そこで有効なのは、自己開示できる場をもつことだ。自己開示とは、自分の思いを率直に語ることだ。自己開示には、カタルシス効果や自己明確化効果がある。

胸の内に溜め込んだ思いを吐き出すことで、スッキリする。それがカタルシス効果である。心のなかに渦巻いている自分の思いを率直に語ることで、自分が何にムシャクシャし

ているのか、何が不満なのか、何を苦痛に思っているのかなどが徐々にみえてくる。これが自己明確化効果である。

社会心理学者D・A・ペネベイカーは、自己開示の効用についての多くの実験的研究を行っているが、心の傷になるような衝撃的な出来事について、だれにも打ち明けたことのない人たちの場合に、身体的な病気や心理的障害が生じやすいことがわかっている。自己開示をしないことが、ストレスの心身への悪影響につながっているのである。

また、配偶者の死を経験した人では、そのことについて友だちに話している人より話していない人の方が、病気にかかる率が高く、その死にまつわる嫌な思いが頭から離れない傾向がある。自己開示できる相手がいないため、ストレスによるダメージを軽減することができないのである。

このように、自己開示できる場があるだけで、ストレスを軽減することができる（榎本博明『自己開示の心理学的研究』北大路書房）。感情労働をやめることはできなくても、感情労働にまつわるいろいろな思いをさらけ出す相手をもつことを心がけたい。

腹が立つこと、ムシャクシャすることをノートに書き留める

どうしても自己開示できる相手がいないときや、職務に関することは守秘義務があるため、だれにもいえないときなどは、日記のような個人的なものとして書くという方法がある。いわば、筆記による自己開示である。

じつは、自己開示に関する研究によって、筆記による自己開示にもストレス緩和効果や自己明確化効果があることがわかっている（同書）。

ペネベイカーは、心の傷になるような衝撃的な出来事や、それにまつわる思いについて書かされた人は、ささいなことを書かされた人よりも、書いた直後の時点では血圧が高く、否定的な感情に支配されがちだが、6ヶ月後の時点では逆により健康であることをみいだしている。

自分にとってショックな出来事について記述することによって、一時的には嫌な気分になるものの、そこには自己開示のカタルシス効果と自己明確化効果が作用し、気分がスッキリするとともに、自分を冷静にみつめることができるようになる。長期的にみれば健康に好ましい影響があるというわけである。

ペネベイカーらは、短いエッセイを4日連続で書かせるという実験も行っている。

それによると、心の傷になるような衝撃的な出来事にまつわる気持ちを書いた人は、取るに足らないことがらを書いた人と比べて、その後の６週間に病気のために健康管理センターを訪れることが少なかった。

筆記開示の健康増進効果を研究しているＪ・Ｍ・スミスは、筆記による自己開示を取り上げた13件の実験のメタ分析により、筆記によって自己開示することで心理的健康や身体的健康が改善したことを確認している。

同じく、筆記開示の心理効果を検討しているＰ・Ｇ・フリジーナらは、心身に臨床的な問題を抱える人々を対象に行われた、筆記による自己開示の効果に関する９件の実験のメタ分析により、筆記によって自分の感情を自己開示することが症状を改善する効果をもつことを確認している。

このように、自分の経験したことや、それをめぐる思いを書き記すことで、カタルシス効果が働いて気分がスッキリし、自己明確化効果によって感情に巻き込まれずに自分を冷静にみつめられるようになって、心の健康が保たれやすい。

ゆえに、腹が立つことやムシャクシャすることがあって、だれにもそのことをいえないような場合は、そのことを書き記すのがよい。それによって感情労働によるストレスの悪影響を軽減することができる。

筆記による自己開示の効果がもっとも期待できるのは、日頃から自分の感情を抑制することを強いられている人たちだといわれるが、それはまさに感情労働を強いられている対人援助職の人たちということになる。

注目されるレジリエンスという心の性質

このところ教育界で注目されているのが、レジリエンスという心の性質である。

レジリエンスは、復元力と訳される。もともとは物理学用語で弾力を意味するが、心理学では「回復力」とか「立ち直る力」を意味する（榎本博明『仕事でチャンスに強い人は、レジリエンスを高めている』KADOKAWA）。

つまり、強いストレス状況下に置かれても健康状態を維持できる性質、ストレスの影響を緩和できる性質、一時的にネガティブ・ライフイベントの影響を受けても、すぐに回復し立ち直れる性質のことである。イヤなことがあれば、だれでも落ち込む。でも、レジリエンスが高ければ、挫折して落ち込むことがあっても、すぐにそこから立ち直ることができる。どんな困難な状況にあっても諦めずに、頑張り続けることができる。

このようなレジリエンスが欠けていると、困難な状況を耐え抜くことができない。そんなときに口にするのが、「心が折れた」というセリフだ。

レジリエンスの高い人は、どうにもならない厳しい状況に置かれ、気分が落ち込むことがあっても、心が折れることはなく、必ず立ち直っていく。

心の強さを意味する心理学用語に、レジリエンスの他にハーディネスもある。

これは、心の強靭さ、頑健性を意味する。

ストレスがかかっても、逆境に置かれても、まったくへこたれず、動じないような強さ。それがハーディネスだ。

ところが、そのような強いと思われた人の心が突然折れることもある。

「心が折れる」という言葉が、いつの間にか広く使われるようになってきたのは、時代状況が厳しくなって、頑張り屋だったはずの人の心が突然ダウンするといったことが頻繁にみられるようになったからだ。いわゆるバーンアウトである。

その心の強さには弾力が欠けていたのだ。

もっと幅のある生き方をしていたり、もっと柔軟な考え方ができたりすればよかったのだが、硬直した働き方になっていたため、行き詰まったときに、方向転換ができずにポキッと折れてしまうのである。

そこで求められるのは弾力性や柔軟性。いわば、しなやかさである。ストレスがかかったり、逆境に置かれたりして、一時的には落ち込んだり、不安になったりすることがあっても、わりと早く立ち直れる。そんなしなやかさをもった強さ。それがレジリエンスだ。

ハーディネスがプラスティックの硬い棒だとすれば、レジリエンスはゴムの柔らかくしなる棒といったイメージになる。プラスティックの硬い棒は、圧力をかけてもなかなか曲がらないが、強烈な圧力がかかると、あるときポキッと折れることがある。

ゴムの柔らかくしなる棒の方は、圧力がかかるとすぐに曲がるが、いくら強い圧力がかかっても、しなるだけでけっして折れることがなく、すぐに元通りに戻る。

これで、レジリエンスの意味が何となくつかめたのではないか。

レジリエンスが高ければ、心に強さだけでなく、しなやかさがあるため、どんなに大きなストレスがかかって落ちこんでも心が折れるということがなく、タフに乗り越えていけるのである。

どうすれば、レジリエンスを高めることができるか

もともとレジリエンスの研究は、逆境に強い人と弱い人がいるけれども、その違いはどこにあるのかという疑問に端を発している。

過酷な状況によるストレスで、一時的に症状を発したとしても、すぐに回復する人もいれば、いつまでも落ち込んだままで、なかなか日常生活を立て直すことができない人もいる。ストレス状況への対処能力や回復力には、大きな個人差がある。

これまでに行われてきたさまざまな研究をもとに、レジリエンスの高い人の特徴として、つぎのような性質を抽出することができる。

- 自分を信じて諦めない
- つらい時期を乗り越えれば、必ずよい時期が来ると思うことができる
- 感情に溺れず、自分の置かれた状況を冷静に眺められる
- 困難に立ち向かう意欲がある
- 失敗に落ち込むよりも、失敗を今後に活かそうと考える

・日々の生活に意味を感じることができる
・未熟ながらも頑張っている自分を受け入れている
・他人を信じ、信頼関係を築ける

　このような心のクセをもつ人は、思い通りにならない厳しい現実に押し潰されそうになり、一時的に落ち込むようなことがあっても、けっして潰されることなく立ち直っていくことができる。

肯定的な意味づけの力を高める

　心理学者マクアダムスと一緒に講演をする機会があったが、彼はアメリカの成功者に共通する性質として、「否定的な出来事にも肯定的な意味をみいだせる能力」に注目しているという。

　それは、まさしく私が自己物語の心理学の提唱者として、自己物語研究を通じて実感し、学会などで主張してきたことに重なる。

　自己物語とは、自分の行動や自分の身に降りかかった出来事に首尾一貫した意味づけをし、諸経験の間に因果の連鎖をつくることで、現在の自己の成り立ちを説明する、自分を主人公とした物語のことである（榎本博明『〈ほんとうの自分〉のつくり方――自己物語の心理学』講談社現代新書／榎本博明「自己物語から自己の発達をとらえる」榎本博明編『自己心理学2　生涯発達心理学へのアプローチ』金子書房　所収）。

私は、若者から高齢者まで、あらゆる年齢の人々を対象に、生まれてから現在に至る自己形成史を語ってもらうというインタビュー調査を、長年にわたって続けてきた。

その結果、わかったことは、客観的にみれば相当に困難な目に遭っていたにもかかわらず前向きに生きている人たちに共通してみられるのは、否定的な出来事にも肯定的な意味を読み取ろうとする思考の習慣だった。それによって前向きの自己物語が形成されていく。

たとえば、満ち足りた思いで暮らしている人と、グチや不満の多い生活を送っている人を比べると、過去の出来事の意味づけの仕方に大きな違いがみられた。満ち足りた思いで暮らしている人は、大変な目に遭ったときのことを語るにも、

「あのつらい経験のお陰で、人の心の痛みがわかる人間になれた」

「あの厳しい状況のなかで心が鍛えられた」

「あの頃の苦しい時期を耐えられたことが自信になった」

などと、否定的な出来事のなかにも肯定的な意味を持たせながら語る傾向がみられた。それに対して、グチや不満が多く、何かにつけて後ろ向きな人は、否定的な出来事をそのまま嫌な出来事として語るだけで、そこから今の自分につながる肯定的な意味を読み取ろうという姿勢はみられなかった。

このような意味づけの力は、レジリエンスとも深く関係していると考えられる。容易に打開策がみつからないような厳しい状況に追い込まれたときに、レジリエンスの高い人と低い人の意味づけの仕方の違いが顕著にあらわれる。

レジリエンスの低い人は、

「いったいどうしたらいいんだ。もう嫌だ」

「こんな出口の見えない状況は耐えられない」

などと、落ち込んだり嘆いたりするばかりで、建設的な行動を取ることができない。

一方、レジリエンスの高い人は、

「今は自分の力量や人間の器が試されているんだ」

「ここは試練のとき。ここを切り抜ければひと皮むけて成長できる」

などというように、前向きな意味づけをして、頑張ることができる。

仕事でミスをしたり、思うような成果が出せなかったりして、苦しかった日々を振り返るにも、レジリエンスの高い人は、

「あの困難な状況を経験したお陰で、忍耐強さが身についたり、仕事面でも成長できた」

「あの挫折がなかったら、部下がついてくるようなリーダーにはなれなかっただろう」

「苦しみながらも、あの厳しい状況を何とか耐え抜いたことが、大きな自信になった」

などというように、苦しかった日々にも肯定的な意味を持たせることができる。

不況を好況に変えることはできないし、厳しい状況でいきなり成果を出せるようになるわけではない。だが、なかなか思うように成果を出せない厳しい状況が自分にとって持つ意味は、自分の考え方しだいで肯定的なものにすることができるのである。

無理難題をぶつけてくる取引先の担当者に手こずるときも、レジリエンスの高い人は、

「自分勝手でどうしようもない人物だけど、お陰で交渉力が鍛えられる」

といった感じに前向きに意味づけをすることができる。

理不尽に怒鳴りまくる上司に手を焼くときも、レジリエンスの高い人は、

「ほんとに人間的に未熟な人だなあ」

と呆れながらも、

「世の中にはいろんな人がいるし、こんな理不尽な上司に何とか仕えることができれば、精神力が相当タフに鍛えられて、どんな人にも対応できるようになれるだろう」

というように、前向きな意味づけをすることができる。そんなふうに考えることができれば、冷静になれるし、逆ギレする心配もない。

自分勝手な要求ばかり突きつけてくる取引先の担当者の人柄を変えさせることなど、できるわけがない。理不尽に怒鳴ってばかりの上司の態度を変えさせることも、ほとんど不可能に近い。だが、そのような相手の態度や行動をどう意味づけるかは、こちらの考え方しだいといえる。

このように、ネガティブな出来事や苦しい状況にも何らかの肯定的な意味があるはずと考える心の習慣を身につけることで、思うようにならない出来事によるストレスを軽減することができる。

どんな仕事も大変だし、ストレスが溜まる。そうしたストレスをものともせずに乗り越えていける人は、概して自分の仕事に意味を感じているものだ。そこで大事なのは、肯定的な意味づけの力を高めることなのである。

たとえば、ある看護師は、世話をしてきた患者の死によってバーンアウトした。悲しく

て涙が止まらず、

「私は結局、何の役にも立たないんだ」

と嘆き、自分を責めていた。自分が何の役にも立っていないと思うことほど、虚しくつらいことはない。一方で、わがままで面倒な患者に手を焼いても、ストレスを溜め込んでいる様子はなく、いつも笑顔で楽しそうに働いている看護師がいた。

「いろんな患者さんがいるから大変でしょう?」

と尋ねると、

「全然大変じゃないですよ。私、患者さんから元気をもらってるの」

と答えるのだった。患者の役に立っているということが支えになって、過酷な労働も苦痛に感じないのだろう。

看護師のストレスコーピング(ストレス対処法)に関する調査でも、気晴らしをしたり、人に相談するといったコーピングよりも、問題と向き合って意味づけを行うといったコーピングが精神的回復につながりやすいという結果が得られている。

きつい仕事に潰されないためには、日常の自分の仕事にどのように意味づけするかが重要となる。

感情労働の一要素である「探索的理解」

看護師を対象とした感情労働に関する調査では、看護師のための感情労働尺度ＥＬＩＮの「表出抑制」や「表層適応」はストレスとなり、職務満足感を低下させ、バーンアウトにつながる要因となることがわかった。だが、「探索的理解」はストレスとならず、むしろ職務満足感につながることが示されている（加賀田聡子他「病棟看護師における感情労働とワーク・エンゲイジメントおよびストレス反応との関連」行動医学研究　第21巻第2号　２０１５年／片山はるみ「感情労働としての看護労働が職業性ストレスに及ぼす影響」日本衛生学雑誌　第65巻第4号　２０１０年など）。

探索的理解とは、「相手の立場に立って考える」「その場に応じた感情の表し方を探す」「どんな患者にも共感しようとしている」「患者のための雰囲気づくりをする」などの項目で測定されるもので、適切な感情の表現方法を探しながら患者への理解を示すことをさす。

それがうまくできる看護師は、患者受けもよく、自己効力感が高まるだろうし、苦労が報われることでストレスよりも職務満足を感じるようになるのだろう。

介護職員の感情労働とバーンアウトの関係について検討した古川和稔らも、本心と異なる感情をあらわす、状況に応じて感情を使い分ける、利用者にやさしく対応しなければならない、自分の感情を抑えて喜びをあらわさなければならないなどの「ポジティブな感情表出」（ホックシールドのいう「表層演技」に相当）は、バーンアウトに促進的に作用するが、自分を利用者の立場において理解しようとする、利用者の気持ちを察するように心がけるといった「利用者理解のための心配り」（ＥＬＩＮの「探索的理解」に相当）は、バーンアウトに防御的に作用するという結果を得ている（古川和稔他「介護職員の現状（第一報）感情労働がバーンアウトに与える影響」ＪＳＣＩ自立支援介護学　第7巻第2号　２０１４年）。

自分が本心を偽って調子よく対応していると感じることは気持ちよくないので、心理的な消耗感につながりやすいが、利用者の役に立っていると感じることは、自己効力感を高めるし気持ちよいので、バーンアウトを防ぐ要因となるのだろう。

ある程度の自律性をもたせるような仕事のやり方を模索する

バーンアウトに関する研究では、仕事のやり方にある程度の裁量の余地があり、自律性があることがバーンアウトの防止につながるとされている。

つまり、感情労働はバーンアウトをもたらす可能性が高いのだが、バーンアウトと自律性の間には関連が認められるため、バーンアウトを防ぐには、本人の裁量に任せる部分を増やすなど、仕事にある程度の自律性をもたせることが大切だというのである。

同じく感情労働をするにしても、無理やりさせられていると思うのと、「相手に親切にしてあげたい」という思いや充実感があって自分から進んでしていると思うのでは、当然、ストレス度が違ってくるだろう。

第3章で紹介した、井川らが600の精神科病院を対象に実施したバーンアウトに関する調査では、医療事務従事者、精神保健福祉士、看護師がバーンアウト度が高く、医師、作業療法士、薬剤師がバーンアウト度が低いことが明らかにされた。

医師、作業療法士、薬剤師のように裁量権をもつとともに、比較的自分自身で仕事のペースをコントロールしやすい職種と違って、医療事務従事者、精神保健福祉士や看護師のように医師や病院の指示に従わなければならない上に、仕事のペースを自分で調整するのが難しい職種の場合はバーンアウト度が高い。

このような結果からも、仕事の裁量権をある程度与えることが、過剰・感情労働によるストレスに潰されないための予防策として重要といえるだろう。

日頃の生活を充実させる

欲求不満—攻撃仮説という心理学の理論がある。欲求不満になると攻撃衝動が高まるというものである。たしかに、思い通りにならないことがあると、だれでもイライラし、ちょっとしたことで攻撃的な反応をしやすくなるものである。コンビニや飲食店、あるいは病院の待合室や駅の改札口で大声でキレている人をみかけることがあるが、きっと何か鬱憤が溜まっているのだろう。

そういう意味では、店員などに対してキレるなどして、彼らに余分な過剰・感情労働をさせないためには、自分自身の日頃の生活を充実させ満足度を高めておく必要がある。また、逆に客などから苦情をぶつけられたとき、自分自身の日頃の生活が充実している人の方が、苦情を冷静に受け止められることが、苦情に関する調査研究によって示されている。不満の多い生活をしていると、攻撃的になって人に余計な心理的負担をかけたり、自分も気持ちに余裕がなくて過剰・感情労働をすることにイラついたりしがちになる。

何よりも日頃の生活を充実させることが、過剰・感情労働時代を無事に生き延びるコツといえる。また、感情労働適性についての池内裕美と藤原武弘の研究からは、「専門的能力」の高さと「モチベーション」の高さが、感情労働においても職務満足感を高める効果をもち、職務満足感の高さがストレスを減少させることがわかっている（池内裕美・藤原武弘「感情労働としての苦情対応が精神的健康に及ぼす影響——主観的ストレスと職務満足感に焦点を当てて」関西学院大学社会学部紀要　第120号　2015年）。

その調査研究では、「専門的能力」は、

「自社の製品に関して、相談業務で困らないほどの十分な知識がある」
「相談者の要求と自社の事情を理解した上で、自主的な判断を下すことができる」
「自分の感情を口調や言い方などの態度でうまく表現することができる」
「滑舌は良い方だと思う」
「自分の考えを言葉でうまく表現することができる」
「謝罪に対するボキャブラリーは豊富である」

といった項目で測定されている。

「モチベーション」は、

「相談者との間に信頼関係を築きたいと思う」
「少しでも優れた方法で相談者には対応したいと思う」

「自分の能力の全てを尽くして、相談者の問題を解決したいと思う」といった項目で測定されている。

これらの項目をみればわかるように、日頃から自分の仕事に対して意欲的に取り組み、自己啓発にもしっかり取り組んでいることが、過剰・感情労働によるストレスの軽減につながるのである。

それは結局、仕事生活を充実させることでもある。

「おもてなし」の勘違いに気づく

今、日本は、二〇二〇年開催予定の東京オリンピックに向けて、『おもてなし』を日本の売りにする」などといって、ますます「お客様第一」「お客様扱い」を重視する傾向にある。

それによって、客は過剰な「お客様扱い」を当然とみなすようになり、どんどんわがままになっていく。その一方で、労働者は、過剰・感情労働を強いられ、ストレスを溜め込み、いよいよ精神的に追い込まれていく。

「お客様扱い」は、労働者の忍耐の限界を超えつつあるし、それで労働者がキレるようになったら、「おもてなし」どころか、かえって逆効果である。

客の側にしても、そこまで不自然な「お客様扱い」をしてもらう必要はないと感じることも多いのではないだろうか。

経済産業省では、「①社員の意欲と能力を最大限に引き出し、②地域・社会との関わりを大切にしながら、③顧客に対して高付加価値・差別化サービスを提供する経営」を「おもてなし経営」と称し、地域のサービス事業者が目指すべきビジネスモデルの1つとして推奨している。

その一環として、「おもてなし経営企業選」というのを2012年から実施している。

これは、選考委員長を務めた力石《ちからいし》寛夫によれば、働く人たちの環境をきちんと整えているか、地域社会の人たちと人的な交流も含めた結びつきがあるか、それらが結果として顧客満足につながっているかといった観点で、優れた事業者を選出するというものである。

顧客満足だけを掲げるのではなく、かつてのように従業員満足も大事にするという点では、このようなビジネスモデルの推奨は、このところの行きすぎを是正する効果があるかもしれない。

あとがき

労働者の心が追い込まれている——。

各種の調査をみても、心の不調を訴える労働者が急増しているのだ。そこで、２０１５年の12月から、企業に対して「ストレスチェック」が義務づけられ、また「過労死等防止対策白書」が２０１６年にはじめて作成された。

そもそも「過労死」が英語（karoshi）になるほど、日本独自の現象となっていることの背景には、労働者の行動や心理に関して、文化的特徴を踏まえた理解がなされていないという事情がある。

欧米のような「自己中心の文化」であれば、労働者も「自分」を何よりも優先させ、身を守ろうとする。ところが、日本のような「間柄の文化」では、「相手」の期待を裏切らないように、「相手」の気分を害さないように、といった気持ちが強く働く。そのため、自分の身を守るということが疎かになりやすい。そこのところを踏まえておく必要がある。日本では、これまでのやり方で十分に客に対する気持ちよい対応ができていた。それにもかかわらず、「顧客満足（CS）」などという欧米の概念を輸入して、労働者をますます過酷な労働へと駆り立てている。

このような概念は、自分より客を優先させない「自己中心の文化」にこそ必要なものであって、日本ではわざわざ取り入れる必要のないものだった。

そうした文化的な背景を考慮しないで、「顧客満足」などという概念を導入したことによって、日本の労働者は過剰労働と感情労働に駆り立てられ、心が追い込まれてしまった。

東京オリンピックの開催に向けて「おもてなし」を売り物にしようと、「お客様扱い」をしきりに強調する動きが目立つが、それは逆効果である。

「おもてなし」が日本の売り物であるのは、「間柄の文化」だからである。「おもてなし」が根づいていない「自己中心の文化」に発する「顧客満足」のような概念を取り入れたら、「間柄の文化」特有の「お互い様」の精神が崩れ、「おもてなし」どころではなくなるだろう。

現に、多くの労働者の心は爆発寸前の状況にある。接客や公共の場では、店員が、駅員が、医療事務従事者が、客に対してキレそうな気持ちを必死に抑えている。対人援助の場でも、教員が、看護師が、介護職員が、学生や援助相手やその家族に対して、キレそうな気持ちをかろうじて抑えている。いつ爆発してもおかしくない、一触即発の状況にある。過労死やうつ病など、心の不調ばかりでなく、労働者の起こす問題行動にも、じつは、このような事情が深く絡んでいることを見逃してはいけない。

車掌が乗客対応の最中《さなか》に逃げ出して線路に飛び降りた事件や、介護職員が利用者に暴力を振るった事件など、まさに労働者の忍耐が限界に達して起こったものといえる。このようなことが起こる背景として、労働者の心を追い込む時代状況があるのである。「おもてなし」を過度に強調することによる「お客様」の暴走を今すぐ食い止めなければならない。労働者も客も同じ人間なのである。「東京オリンピックに向けて、『おもてなし』の精神を」などといっているうちに、本来の意味における「『おもてなし』の精神」は崩壊してしまう。

労働者の心を守るためにも、「お互い様」の精神が根づく「間柄の文化」の心地よさを失わないためにも、今ここで現状をしっかりとみつめる必要がある。

そんな思いで本書を執筆した。

この企画は、平凡社新書編集部の和田康成さんと、現代の社会状況についての思いを語り合っているうちに浮上したものである。

本書が、『おもてなし』の精神」から生まれる勘違いへの気づきを促し、労働者を過酷な労働へと駆り立てようとする動きを止める力になることを、切に願っている。

榎本博明

【著者】
榎本博明（えのもと ひろあき）
1955年東京生まれ。東京大学教育学部教育心理学科卒業。東芝市場調査課勤務の後、東京都立大学大学院心理学専攻博士課程中退。心理学博士。川村短期大学講師、カリフォルニア大学客員研究員、大阪大学大学院助教授などを経て、現在、MP人間科学研究所代表、産業能率大学兼任講師。おもな著書に『〈ほんとうの自分〉のつくり方』（講談社現代新書）、『自己開示の心理学的研究』（北大路書房）、『「過剰反応」社会の悪夢』（角川新書）、『中高年がキレる理由《わけ》』（平凡社新書）などがある。
MP人間科学研究所　mphuman@ae.auone-net.jp

平凡社新書839

「おもてなし」という残酷社会
過剰・感情労働とどう向き合うか

発行日——2017年3月15日　初版第1刷

著者——榎本博明
発行者——下中美都
発行所——株式会社平凡社
東京都千代田区神田神保町3-29　〒101-0051
電話　東京（03）3230-6580［編集］
東京（03）3230-6573［営業］
振替　00180-0-29639
印刷・製本—株式会社東京印書館
装幀——菊地信義

ISBN978-4-582-85839-6
NDC分類番号361.4　新書判（17.2cm）　総ページ208
平凡社ホームページ　http://www.heibonsha.co.jp/